¿Qué hay en el libro?

책 안에는 뭐가 있지?

Línea Directiva
Para el Español Básico
(그림으로 배우는 기초 스페인어)

초판 1쇄 인쇄 2022년 6월 20일
초판 1쇄 발행 2022년 6월 30일

지은이 조경호
발행인 서덕일
펴낸곳 **Orbita**

출판등록 제2041-66호 (2014년 11월 17일)
주소 경기도 파주시 회동길 366 (10881)
전화 (02)499-1281~2
팩스 (02)499-1283
전자우편 info@moonyelim.co.kr
홈페이지 www.moonyelim.com

ISBN 979-11-974330-3-0
값 14,000 원

¡Explicaciones!
SAMSUNG
-San Cho-

Character 01

Sancho, Alumno de la Escuela HAFS
María, Alumna de la Escuela HAFS

산초, HAFS 학교의 남학생
마리아, HAFS 학교의 여학생

Character 02

Marco, Alumno, Amigo de Sancho
Julia, Alumna, Amiga de María

마르꼬, 남학생, 산초의 친구
훌리아, 여학생, 마리아의 친구

Character 03

Padre de Sancho, Hombre
Madre de María, Mujer

산초의 아버지, 남자
마리아의 어머니, 여자

Línea Directiva Para el Español Básico

Orbita

Yo

나(는)

Tú

너(는)

Él / Ella

그(는) / 그녀(는)

Nosotros

우리(는)

Vosotros

너희들(은)

Ellos / Ellas

그들(은) / 그녀들(은)

yo / tú / él
ella / usted / usted

나(는) / 너(는) / 그(는)
그녀(는) / 당신[남성](은) / 당신[여성](은)

nosotros / nosotros / vosotros
vosotras / ellos / ellas

우리(는) / 우리[여성](는) / 너희들(은)
너희[여성]들(은) / 그들(은) / 그녀들(은)

usted / él / señor
usted / ella / señora
ustedes / ellos

당신[남성](은) / 그(는) / 신사(는)
당신[여성](은) / 그녀(는) / 숙녀(는)
당신들(은) / 그들(은)

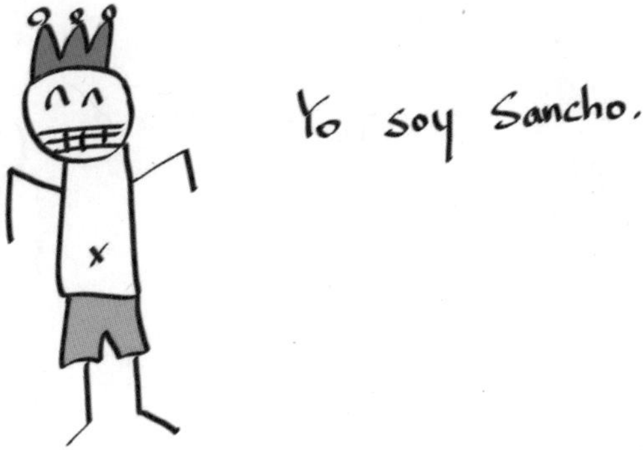
Yo soy Sancho.

Yo soy Sancho.

나는 산초이다.

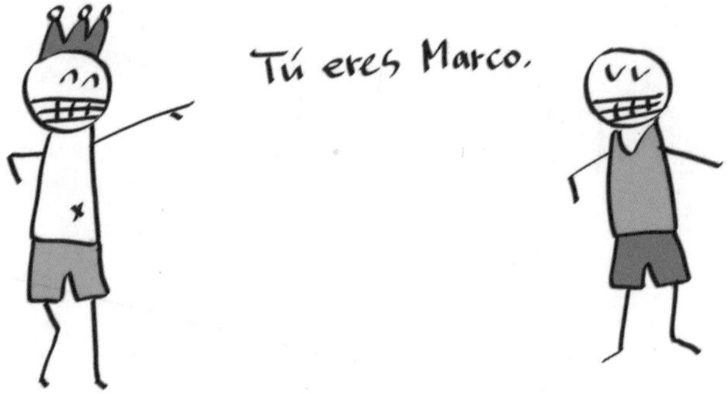
Tú eres Marco.

Tú eres Marco.

너는 마르꼬이다.

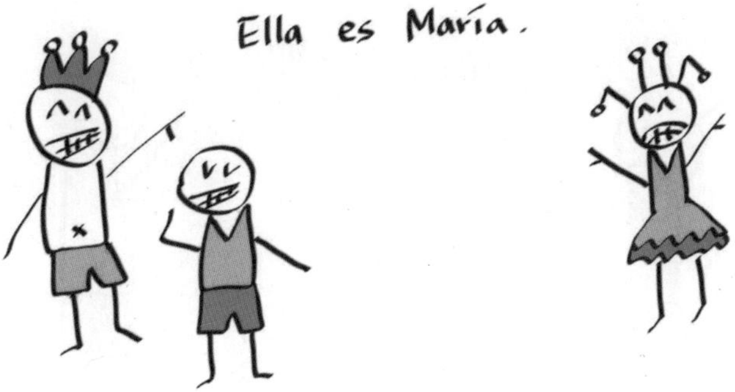
Ella es María.

Ella es María.

그녀는 마리아이다.

Él es Sancho.

그는 산초이다.

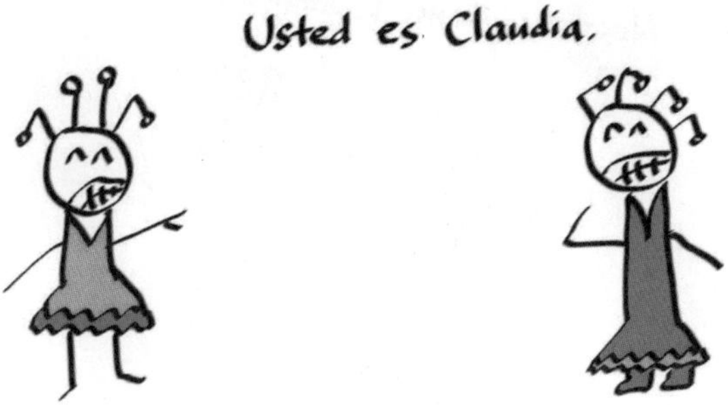
Usted es Claudia.

Usted es Claudia.

당신은 끌라우디아이다.

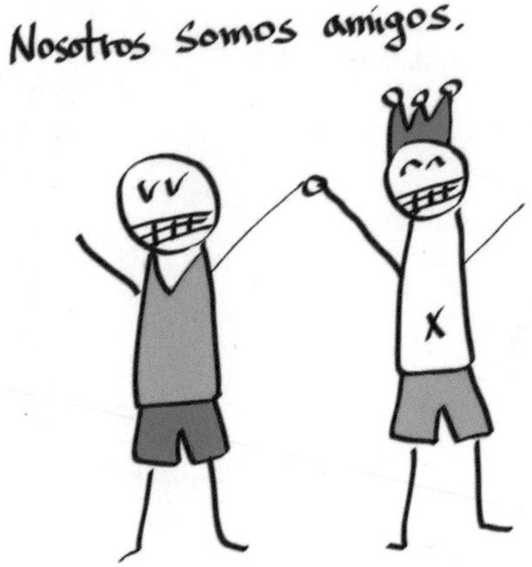
Nosotros somos amigos.

Nosotros somos amigos.

우리들은 친구(들)이다.

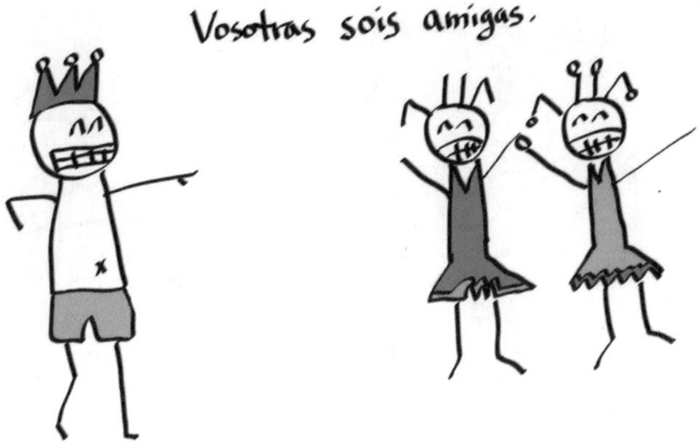
Vosotras sois amigas.

Vosotras sois amigas.

너희들은 친구(들)이다.

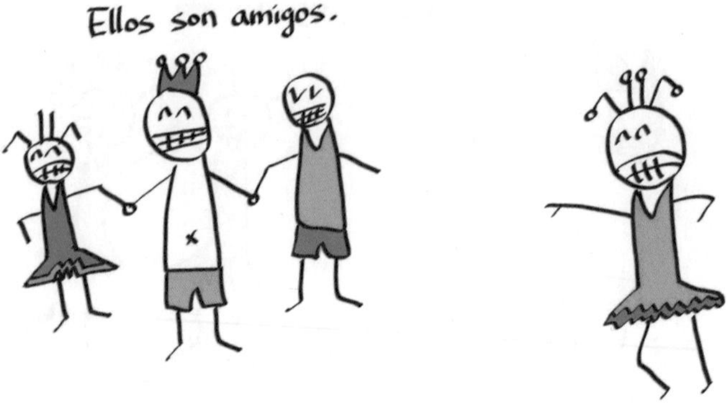
Ellos son amigos.

Ellos son amigos.

그들은 친구(들)이다.

Ustedes son profesores.

Ustedes son profesores.

당신들은 선생님(들)입니다.

Yo soy...
Tú eres...
Él(Ella) es...
Nosotros somos...
Vosotros sois...
Ellos(Ellas) son...

Yo soy... / Tú eres...
Él(Ella) es... / Nosotros somos...
Vosotros sois... / Ellos(Ellas) son...

나는 ...이다 / 너는 ...이다
그(녀)는 ...이다 / 우리는 ...이다
너희들은 ...이다 / 그(녀)들은 ...이다

Yo soy Sancho.
Yo soy amigo de Marco.
Marco y yo somos amigos.

Yo soy Sancho.
Yo soy amigo de Marco.
Marco y yo somos amigos.

나는 산초이다.
나는 마르꼬의 친구이다.
마르꼬와 나는 친구(들)이다.

Yo soy María.
Yo soy amiga de Julia.
Julia y yo somos amigas.

Yo soy María.
Yo soy amiga de Julia.
Julia y yo somos amigas.

나는 마리아이다.
나는 훌리아의 친구이다.
훌리아와 나는 친구(들)이다.

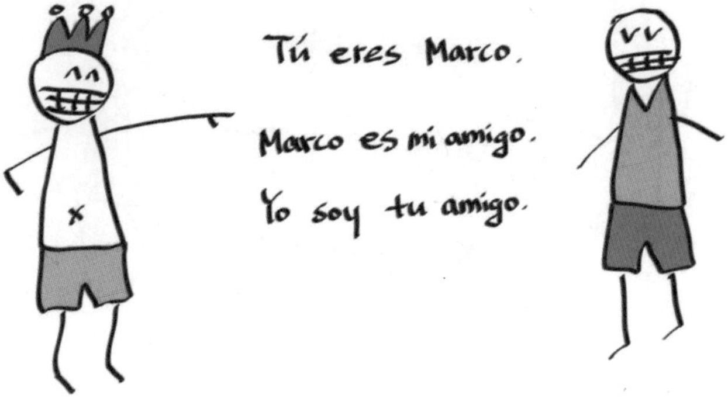
Tú eres Marco.
Marco es mi amigo.
Yo soy tu amigo.

Tú eres Marco.
Marco es mi amigo.
Yo soy tu amigo.

너는 마르꼬이다.
마르꼬는 나의 친구이다.
나는 너의 친구이다.

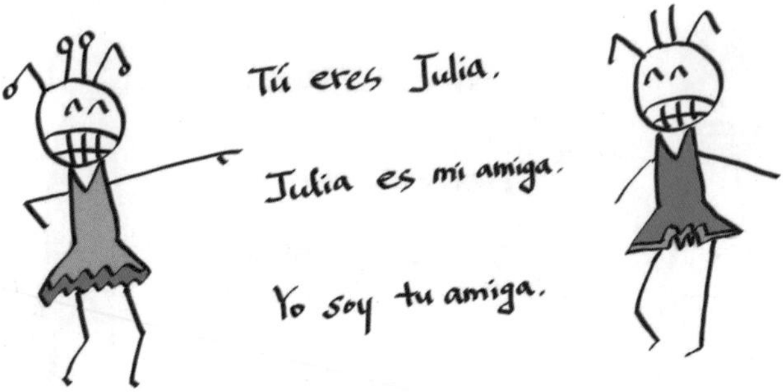
Tú eres Julia.
Julia es mi amiga.
Yo soy tu amiga.

Tú eres Julia.
Julia es mi amiga.
Yo soy tu amiga.

너는 훌리아이다.
훌리아는 나의 친구이다.
나는 너의 친구이다.

¡Buenos días!

좋은 아침!

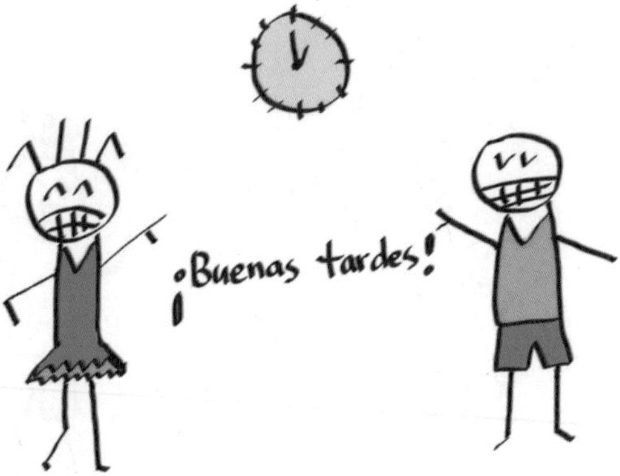
¡Buenas tardes!

¡Buenas tardes!

좋은 오후!

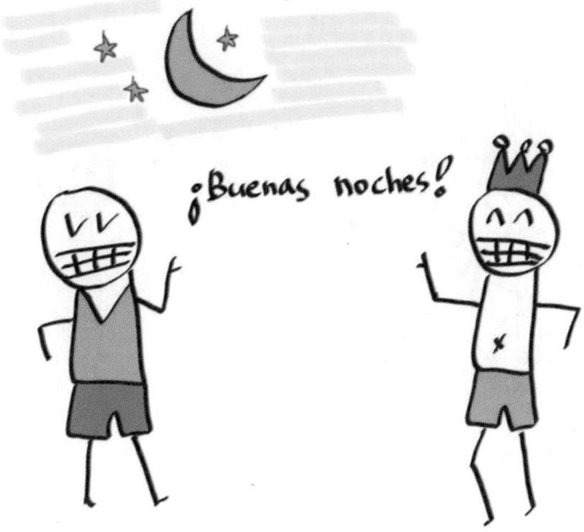
¡Buenas noches!

¡Buenas noches!

좋은 저녁!

¡Hola!

안녕!

¡Gracias!

감사합니다!

¡Adiós!

잘 가!

¡Hola!
Lo siento.
¡Ánimo!
¡Felicidades!

¡Hola! / Lo siento.
¡Ánimo! / ¡Felicidades!

안녕! / 죄송합니다.
힘내라(화이팅)! / 축하해!

¡Muchas gracias!
¡No sé!
¡De nada!
¡Perdón!

¡Muchas gracias! / ¡No sé!
¡De nada! / ¡Perdón!

대단히 감사합니다! / 모르겠습니다!
천만에요! / 실례합니다!

¡Muy bien!
¡Muy mal!
¡Adiós!
Te quiero.

¡Muy bien! / ¡Muy mal!
¡Adiós! / Te quiero.

너무 좋아! / 너무 나빠!
잘 가! / (나는) 너를 사랑해.

Tienda de regalo
¿Qué es eso?
¿Cuánto vale?
El baño, por favor,
¡Allí!

¿Qué es eso? / ¿Cuánto vale?
El baño, por favor. / ¡Allí!

그것은 무엇입니까? / 얼마입니까?
화장실, 부탁합니다. / 저기(요)!

¿Cómo estás tú?
Estoy bien.

¿Cómo estás tú?
Estoy bien.

(넌) 컨디션이 어때?
(나는) 좋아!

¿Cómo estás,
Marco?
Estoy bien.
Así, así
(= más o menos)
Mal

¿Cómo estas, Marco?
Estoy bien.
Así, así(Más o menos). / Mal.

마르꼬 컨디션이 어때?
(나는) 좋아!
그저그래(그저그래) / 안 좋아.

¿Cómo está usted?
Estoy bien.

¿Cómo está usted?
Estoy bien.

(당신은) 컨디션이 어떠세요?
(나는) 좋아!

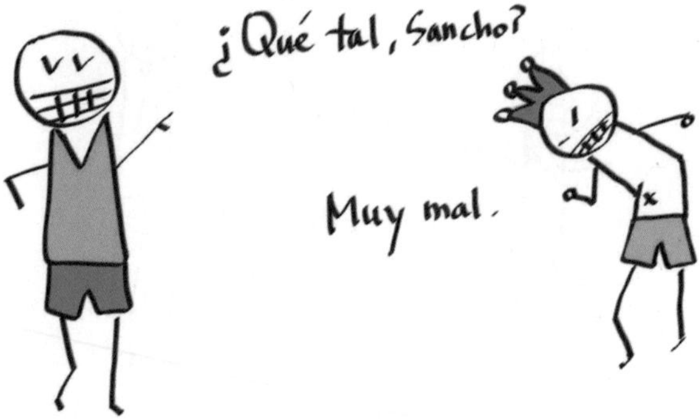
¿Qué tal, Sancho?
Muy mal.

¿Qué tal, Sancho?
Muy mal.

산초, 컨디션이 어때?
너무 안 좋아.

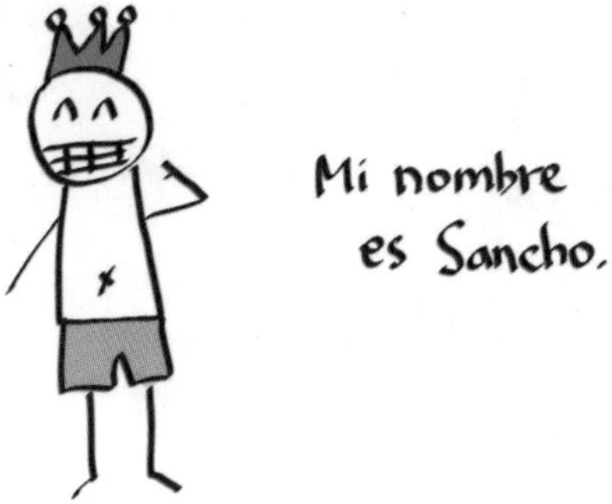
Mi nombre
es Sancho.

Mi nombre es Sancho.

내 이름은 산초입니다.

¿Cuál es tu nombre?
Mi nombre es María.

¿Cuál es tu nombre?
Mi nombre es María.

네 이름은 뭐니?
내 이름은 마리아야.

¿Cómo es la casa?
Es grande.
Es pequeña.
Es larga.
Es corta.

¿Cómo es la casa?
Es grande. / Es pequeña.
Es larga. / Es corta.

집은 어떻죠?
큽니다. / 작습니다.
길어요. / 짧아요.

¿Cómo es Marco?
Es alto.
Es bajo.
Es gordo.
Es delgado.

¿Cómo es Marco?
Es alto. / Es bajo.
Es gordo. / Es delgado.

마르꼬는 어떻죠?
키가 커요. / 키가 작아요.
뚱뚱해요. / 말랐어요.

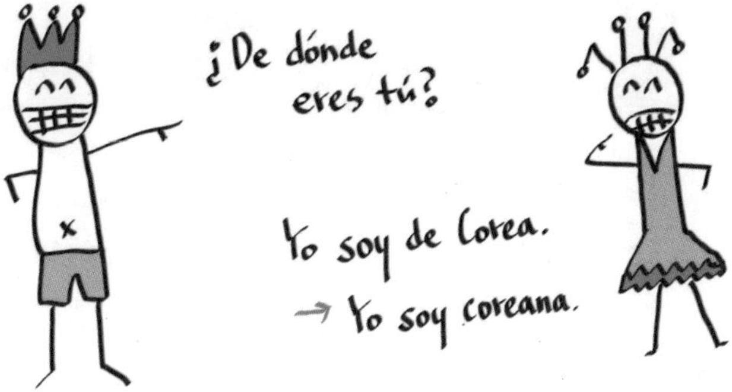
¿De dónde eres tú?
Yo soy de Corea.
→ Yo soy coreana.

¿De dónde eres tú?
Yo soy de Corea.
Yo soy coreana.

너는 어디 출신이니?
나는 한국 출신이야.
나는 한국 사람(여자)이다.

¿De dónde
es mi amigo?
De México,
mexicano
De China,
chino
De Japón,
japonés

¿De dónde es mi amigo?
De México, mexicano
De China, chino
De Japón, japonés

내 친구는 어디 출신이지?
멕시코 출신, 멕시코 사람(남자)
중국 출신, 중국 사람(남자)
일본 출신, 일본 사람(남자)

De España / De los Estados Unidos
De Alemania / De Italia
De Francia / De Vietnam

스페인 출신 / 미국 출신
독일 출신 / 이탈리아 출신
프랑스 출신 / 베트남 출신

¿De quién es
este libro?
Es.
De María.

¿De quién es este libro?
De María.

이 책은 누구의 것입니까?
마리아 것입니다.

¿De quién es el libro?
De mí / De ti
De él / De ella
De usted / De ellas

책은 누구의 것입니까?
내 것 / 네 것
그의 것 / 그녀의 것
당신의 것 / 그녀들의 것

¿De quiénes son los libros?
De nosotros / De vosotros
De ellos / De ustedes
De ellas

책들은 누구(들)의 것입니까?
우리들의 것 / 너희들의 것
그들의 것 / 당신들의 것
그녀들의 것

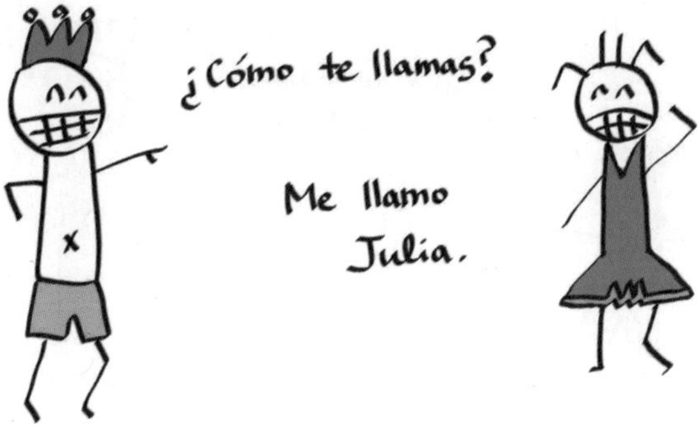
¿Cómo te llamas?
Me llamo Julia.

¿Cómo te llamas?
Me llamo Julia.

(넌) 이름이 어떻게 되니?
난 훌리아라고 한다.

¿Cómo se llama
usted?
Me llamo Claudia.

¿Cómo se llama usted?
Me llamo Claudia.

(당신은) 이름이 어떻게 되세요?
난 끌라우디아라고 한다.

¡Hola!
Me llamo Sancho.
¿Cómo te llamas?
Me llamo
Marco.

¡Hola! Me llamo Sancho.
¿Cómo te llamas?
Me llamo Marco.

안녕! 난 산초라고 한다.
네 이름은 어떻게 되니?
난 마르꼬라고 해.

Me llamo... / Te llamas...
Se llama... / Nos llamamos...
Os llamáis... / Se llaman....

난 ...이다. / 넌 ...이다.
그(녀)는 ...이다. / 우리는 ...이다.
너희들은 ...이다. / 그(녀)들은 ...이다.

¿Quién es él(ella)?
abuelo / abuela / madre / padre
tía / tío / hermana / Yo / prima

그(녀)는 누구입니까?
할아버지 / 할머니 / 어머니 / 아버지
숙모 / 삼촌 / 여동생(누나) / 나 / 사촌(여)

¿Qué es él?
Él es bombero.
Es médico.
Es dentista
Es soldado.

¿Qué es él?
Él es bombero. / Es médico.
Es dentista. / Es soldado.

그는 직업이 뭐죠?
그는 소방관입니다. / 의사입니다.
치과의사입니다. / 군인입니다.

¿Qué es el señor?
Es cantante.
Es estudiante.
Es profesor.
Es ingeniero.

¿Qué es el señor?
Es cantante. / Es estudiante.
Es profesor. / Es ingeniero.

그 분은 직업이 뭐죠?
가수입니다. / 학생입니다.
선생님입니다. / 기술자입니다.

¿Dónde está Marco?
Aquí / Ahí / Allí

마르꼬는 어디에 있나요?
여기 / 거기 / 저기

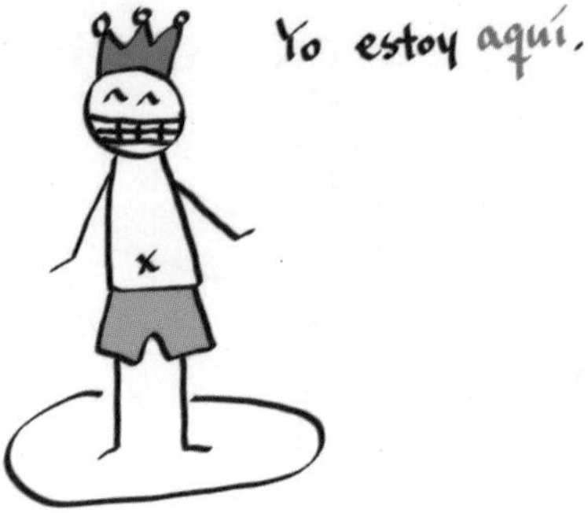
Yo estoy aquí.

Yo estoy aquí.

저는 여기에 있습니다.

Él está allí.

그는 저기에 있습니다.

¿Dónde está ella?
Ella está aquí.

¿Dónde está ella?
Ella está aquí.

그녀는 어디에 있습니까?
그녀는 여기에 있습니다.

¿Dónde está ella?
Ella está allí.

¿Dónde está ella?
Ella está allí.

그녀는 어디에 있습니까?
그녀는 저기에 있습니다.

Esta está aquí.
Esta (= la flor)

Esta está aquí.
Esta(= la flor)

이것은 여기에 있습니다.
이것(= 꽃)

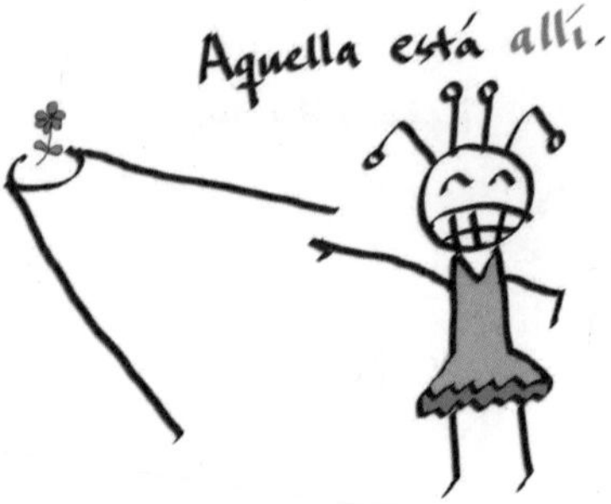
Aquella está allí.

Aquella está allí.

저것은 저기에 있습니다.

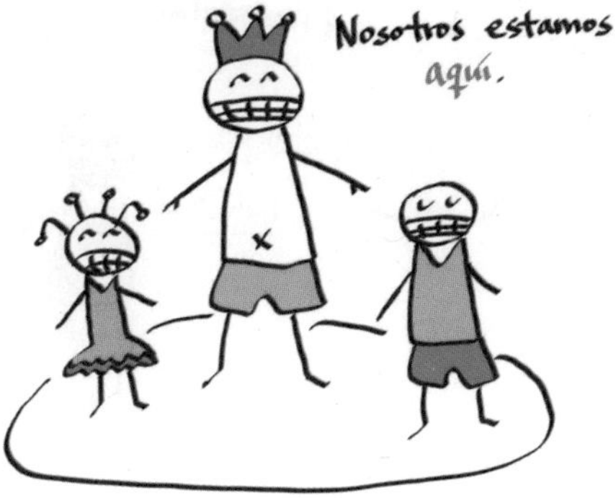
Nosotros estamos
aquí.

Nosotros estamos aquí.

우리는 여기에 있습니다.

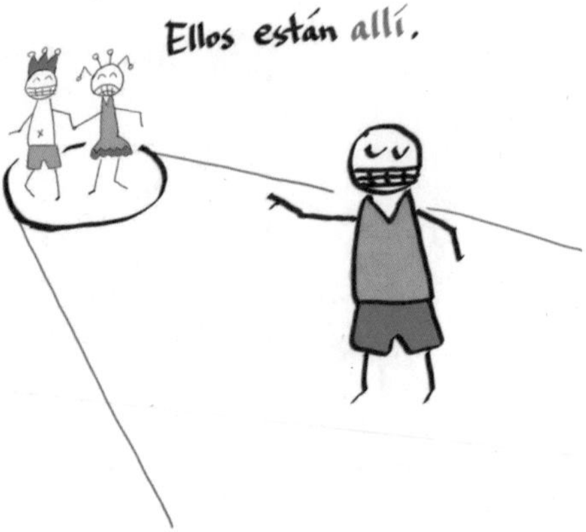
Ellos están allí.

Ellos están allí.

그들은 저기에 있습니다.

Tú estás ahí.
¿Dónde estoy yo?

¿Dónde estoy yo?
Tú estás ahí.

나는 어디에 있지?
너는 거기에 있다.

Vosotros estáis
ahí.
¿Dónde estamos
nosotros?

¿Dónde estamos nosotros?
Vosotros estáis ahí.

우리는 어디에 있지?
너희들은 거기에 있다.

¿Dónde estoy yo?
Tú estás aquí.

¿Dónde estoy yo?
Tú estás aquí.

나는 어디에 있지?
너는 여기에 있잖아.

¿Dónde estáis vosotros?
Nosotros estamos aquí.

¿Dónde estáis vosotros?
Nosotros estamos aquí.

너희들은 어디에 있니?
우리들은 여기에 있다.

¿Dónde está el oso?
Ese está ahí.
ese
(=oso)

¿Dónde está el oso?
Ese está ahí.

곰은 어디에 있지?
그것은 거기에 있다.

¿Dónde están los osos?
Esos están ahí.

¿Dónde están los osos?
Esos están ahí.

곰들은 어디에 있지?
그것들은 거기에 있다.

¿Dónde están los osos?
Esos están allí.
¡Nosotros estamos aquí!
Estamos seguros.

곰들은 어디에 있지?
그것들은 저기에 있다.
우리들은 여기에 있다!
우리는 안전하다.

¿Dónde están los osos?
¡Estos están aquí!
¡Nosotros estamos peligrosos!

¿Dónde están los osos?
Estos están aquí.
¡Nosotros estamos peligrosos!

곰들은 어디에 있지?
이것들은 여기에 있다.
우리들은 위험하다!

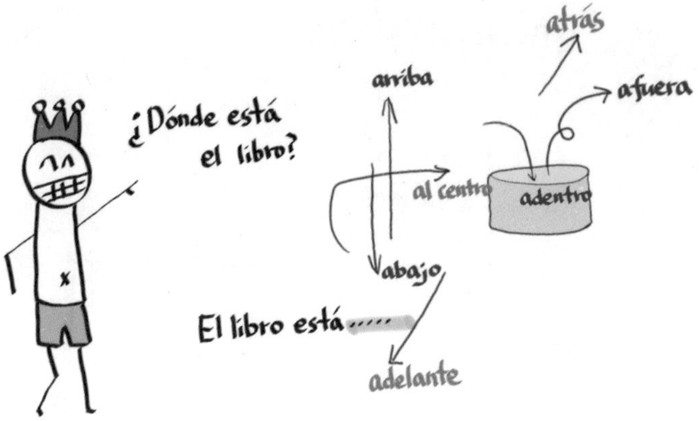

¿Dónde está el libro?
El libro está ......
arriba / abajo / al centro / adentro
afuera / adelante / atrás

책은 어디에 있지?
책은 ....에 있다.
위에 / 아래에 / 중간에 / 안에
밖에 / 앞쪽에 / 뒤쪽에

¿Dónde está el libro?
El libro está ..... la mesa.
sobre / debajo de / al lado de
cerca de / lejos de / alrededor de

책은 어디에 있지?
책은 테이블의 .....에 있다.
위에 / 아래에 / 옆에
가까이에 / 멀리에 / 주위에

¿Dónde están mis libros?
Es
LA
Tus libros están sobre la mesa.

¿Dónde están mis libros?
Tus libros están sobre la mesa.

내 책들은 있지?
너의 책들은 테이블 위에 있다.

¿Qué hay sobre la mesa?
Hay tres libros.

¿Qué hay sobre la mesa?
Hay tres libros.

테이블 위에 뭐가 있니?
세 권의 책이 있다.

¿Qué hay en la cara de Sancho?
el ojo → dos ojos / la nariz → una nariz
la boca → una boca / la oreja → dos orejas.

산초 얼굴에는 뭐가 있니?
눈 → 두 개의 눈 / 코 → 하나의 코
입 → 하나의 입 / 귀 → 두 개의 귀

¿Dónde está Marco?
detrás de la silla / debajo del sofá
al lado de la mesa

마르꼬는 어디에 있지?
의자 뒤에 / 소파 아래에
테이블 옆에

¿Dónde está el gato?
El gato está ..... la casa.
dentro de / delante de / encima de
a la izquierda de / detrás de / a la derecha de

고양이는 어디에 있지?
고양이는 ..... 에 있다.
~안에 / ~앞에 / ~위에
~의 왼쪽에 / ~뒤에 / ~의 오른쪽에

Yo estoy ...
Tú estás ...
Él(Ella) está ...
Nosotros estamos ...
Vosotros estáis ...
Ellos(Ellas) están ...

Yo estoy ... / Tú estás ...
Él(Ella) está ... / Nosotros estamos ...
Vosotros estáis ... / Ellos(Ellas) están ...

나는 ...에 있다 / 너는 ...에 있다
그(녀)는 ...에 있다 / 우리는 ...에 있다
너희는 ...에 있다 / 그(녀)들은 ...에 있다.

¿Qué hay dentro del armario?
los pantalones / la falda / la camiseta / el abrigo
los guantes / los calcetines / la corbata / el cinturón
el sombrero / el pañuelo / la bufanda

옷장 안에 뭐가 있니?
바지 / 치마 / 티셔츠 / 외투
장갑 / 양말 / 넥타이 / 허리띠
모자 / 손수건 / 목도리

¿Qué hay sobre la mesa?
las tijeras / la cinta / el libro / el bolígrafo
el lápiz / el cuaderno / la goma / la regla
el clip / el móvil / el estuche

테이블 위에 뭐가 있니?
가위 / 테이프 / 책 / 볼펜
연필 / 노트 / 지우개 / 자
클립 / 핸드폰 / 필통

¿Qué hay en el zoo?
el perro / el gato / el cerdo / la oveja / el conejo
el elefante / la jirafa / la serpiente / el zorro
el oso / el león / el tigre

동물원에는 뭐가 있니?
개 / 고양이 / 돼지 / 양 / 토끼
코끼리 / 기린 / 뱀 / 여우
곰 / 사자 / 호랑이

¿Qué hay bajo el mar?
el pulpo / el calamar / el pae-globo / la raya
la tortuga / el delfín / el cangrejo / la gamba
el estrellamar / el tiburón / la ballena

바다 밑에는 뭐가 있니?
문어 / 오징어 / 복어 / 가오리
거북이 / 돌고래 / 게 / 새우
불가사리 / 상어 / 고래

¿Qué hay dentro de la habitación?
la flor / el ordenador / el mapa / la ventana
el ratón / el teclado / el lápiz / la silla / el libro
el bolí / el cuaderno / el papel / la papelera / la mesa

방 안에는 뭐가 있니?
꽃 / 컴퓨터 / 지도 / 창문
마우스 / 키보드 / 연필 / 의자 / 책
볼펜 / 노트 / 종이 / 쓰레기통 / 테이블

¿Cómo se dice esto en español?
El autobús

¿Cómo se dice esto en español?
El autobús

이것을 스페인어로 어떻게 말하지?
엘 아우또부스(버스)

¿Cuántas rosas hay en el salón de clase?
una rosa / dos rosas / tres rosas
cuatro rosas / cinco rosas

교실에는 몇 송이의 장미가 있지?
한 송이 장미 / 두 송이 장미 / 세 송이 장미
네 송이 장미 / 다섯 송이 장미

¿Cuántos libros hay en el estante?
seis libros / siete libros / ocho libros
nueve libros / diez libros

책장에는 몇 권의 책이 있지?
여섯 권의 책 / 일곱 권의 책 / 여덟 권의 책
아홉 권의 책 / 열 권의 책

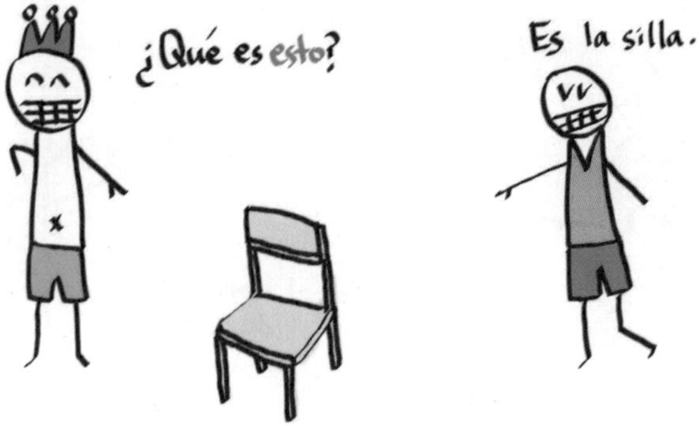
¿Qué es esto?
Es la silla.

¿Qué es esto?
Es la silla.

이것은 무엇이니?
의자이다.

¿Qué es eso?
Español
Es el libro de español.

¿Qué es eso?
Es el libro de español.

그것은 무엇이니?
스페인어 책이다.

¿Qué es aquello?
Es la mesa.

¿Qué es aquello?
Es la mesa.

저것은 무엇이니?
테이블이다.

esta manzana, mi manzana
este libro, mi libro

이 사과, 나의 사과
이 책, 나의 책

aquella manzana, su manzana
aquel libro, su libro
esa manzana, tu manzana
ese libro, tu libro

저 사과, 그의 사과
저 책, 그의 책
그 사과, 너의 사과
그 책, 너의 책

Aquí, estas manzanas, mis manzanas
estos libros, mis libros

여기, 이 사과들, 나의 사과들
이 책들, 나의 책들

Ahí, esas manzanas, tus manzanas
esos libros, tus libros
Allí, aquellas manzanas, sus manzanas
aquellos libros, sus libros

거기, 그 사과들, 너의 사과들
그 책들, 너의 책들
저기, 저 사과들, 그의 사과들
저 책들, 그의 책들

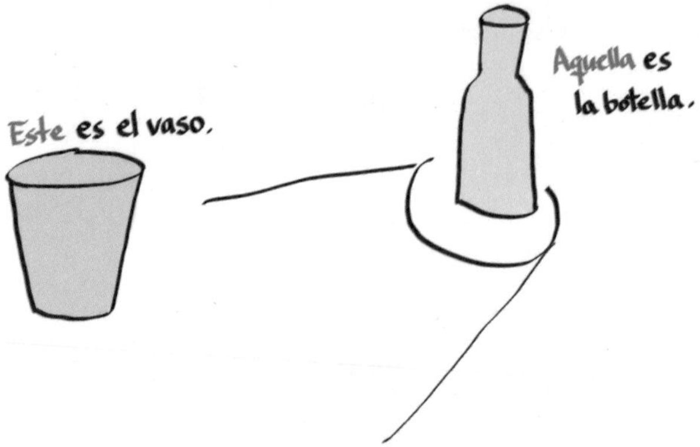
Este es el vaso.
Aquella es
la botella.

Este es el vaso.
Aquella es la botella.

이것은 컵입니다.
저것은 병입니다.

Este es el sombrero.
Aquella es
la mesa.

Este es el sombrero.
Aquella es la mesa.

이것은 모자입니다.
저것은 테이블입니다.

Este es el sombrero.
Estos son
los sombreros.

Este es el sombrero.
Estos son los sombreros.

이것은 모자입니다.
이것들은 모자들입니다.

Esta es la mesa.
Estas son las mesas.

Esta es la mesa.
Estas son las mesas.

이것은 테이블입니다.
이것들은 테이블들입니다.

Este es tu sombrero.
Este está sobre la mesa.

Este es tu sombrero.
Este está sobre la mesa.

이것은 너의 모자이다.
이것은 테이블 위에 있다.

Estos son vuestros sombreros.
Estos están sobre la mesa.

Estos son vuestros sombreros.
Estos están sobre la mesa.

이것들은 너희들의 모자들이다.
이것들은 테이블 위에 있다.

¿Quién es ese?
Este es el niño.

¿Quién es ese?
Este es el niño.

그 남자는 누구지?
이 남자는 소년이다.

¿Quién es esa?
Esta es la niña.

¿Quién es esa?
Esta es la niña.

그 여자는 누구지?
이 여자는 소녀이다.

¿Quién es aquel?
Aquel es el niño.

¿Quién es aquel?
Aquel es el niño.

저 남자는 누구지?
저 남자는 소년이다.

¿Quién es aquella?
Aquella es la niña.

¿Quién es aquella?
Aquella es la niña.

저 여자는 누구지?
저 여자는 소녀이다.

¿Dónde está ese niño?
Este niño está aquí.

¿Dónde está ese niño?
Este niño está aquí.

그 소년은 어디에 있지?
이 소년은 여기에 있다.

¿Dónde está el niño?
Aquel niño está allí.

¿Dónde está el niño?
Aquel niño está allí.

소년은 어디에 있지?
저 소년은 저기에 있다.

¿Dónde está esa niña?
Esta niña está aquí.

¿Dónde está esa niña?
Esta niña está aquí.

그 소녀는 어디에 있지?
이 소녀는 여기에 있다.

¡Dónde está la niña?
Aquella niña está allí.

¿Dónde está la niña?
Aquella niña está allí.

소녀는 어디에 있지?
저 소녀는 저기에 있다.

Este es el padre.
Esta es la mano suya.
Este es el brazo suyo.
Esa es la mano del padre.

Este es el padre.
Esta es la mano suya.
Esa es la mano del padre.
Este es el brazo suyo.

이분은 아버지이다.
이것은 그의 손이다.
그것은 아버지의 손이다.
이것은 그의 팔이다.

Esta es la madre.
Este es
su brazo.
Esta es
su mano.
Este es el brazo
de la madre.

Esta es la madre.
Esta es su mano.
Este es su brazo.
Este es el brazo de la madre.

이분은 어머니이다.
이것은 그녀의 손이다.
이것은 그녀의 팔이다.
이것은 어머니의 팔이다.

El padre ama a las gallinas.
Y las gallinas aman al padre.

El padre ama a las gallinas.
Y las gallinas aman al padre.

아버지는 닭들을 좋아한다.
그리고 닭들은 아버지를 좋아한다.

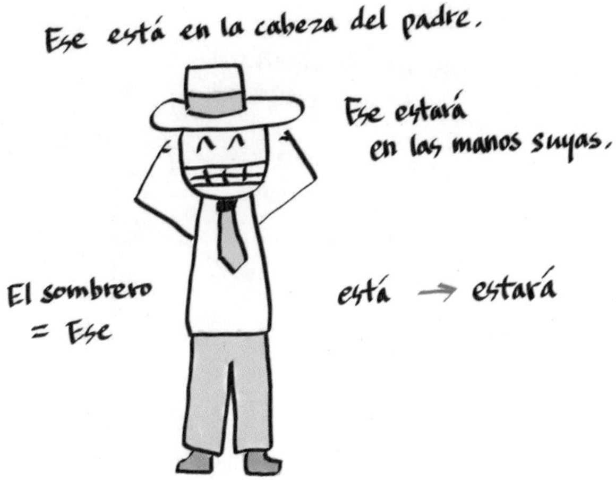
Ese está en la cabeza del padre.
Ese estará
en las manos suyas.
El sombrero
= Ese
está → estará

Ese está en la cabeza del padre.
Ese estará en las manos suyas.

그것은 아버지의 머리 위에 있다.
그것은 그의 손(들)에 있을 것이다.

La madre es la dueña
de las gallinas.
Y las gallinas aman
a la madre.

La madre es la dueña de las gallinas.
Y las gallinas aman a la madre.

어머니는 닭들의 주인이다.
그리고 닭들은 어머니를 사랑한다.

La madre llama las gallinas
para la cena.

La madre llama las gallinas
para la cena.

어머니는 저녁식사를 위해 닭들을 부른다.

La madre es buena dueña para las gallinas.
Las gallinas aman mucho a la madre.

어머니는 닭들에게는 좋은 주인이다.
닭들은 어머니를 많이 사랑한다.

Ese está en la cabeza de la madre.
Ese estará en las manos suyas.
el sombrero = ese
está → estará

Ese está en la cabeza de la madre.
Ese estará en las manos suyas.

그것은 어머니의 머리에 있다.
그것은 그녀의 손(들)에 있을 것이다.

Ese está en la cabeza del padre.
Ese está en las manos del padre.
en la cabeza suya
en las manos suyas

Ese está en la cabeza del padre.
Ese está en las manos del padre.

그것은 아버지의 머리에 있다.
그것은 아버지의 손(들)에 있다.

El padre ama al hijo, Sancho.

El padre ama al hijo, Sancho.

아버지는 아들, 산초를 사랑한다.

La hija, María, ama a la madre.

La hija, María, ama a la madre.

딸, 마리아는 어머니를 사랑한다.

Ese está en la cabeza de la madre.
en la cabeza suya
Ese está en las manos de la madre.
en las manos suyas

Ese está en la cabeza de la madre.
Ese está en las manos de la madre.

그것은 어머니의 머리에 있다.
그것은 어머니의 손(들)에 있다.

Sancho da el sombrero a Marco.
→ Sancho se lo da a Marco.
se[le] = Marco
lo = el sombrero

Sancho da el sombrero a Marco.
Sancho se lo da a Marco.

산초는 모자를 마르꼬에게 준다.
산초는 그것을 그(마르꼬)에게 준다.

María da el sombrero suyo a Julia.
→ María se lo da a Julia.
se[le] = Julia
lo = el sombrero

María da el sombrero suyo a Julia.
María se lo da a Julia.

마리아는 그녀의 모자를 훌리아에게 준다.
마리아는 그것을 그녀(훌리아)에게 준다.

- Objeto directo

Sancho ama
a María.
→
Sancho la
ama.

Sancho ama a María.
Sancho la ama.

산초는 마리아를 사랑한다.
산초는 그녀를 사랑한다.

Objeto indirecto
Marco da el libro
a Julia.
→ Marco le da el libro.

Marco da el libro a Julia.
Marco le da el libro.

마르꼬는 훌리아에게 책을 준다.
마르꼬는 그녀에게 책을 준다.

Objeto reflexivo
Sancho se lava
la cara.

Sancho se lava la cara.

산초는 세수를 한다.

Sancho dará el sombrero suyo
al amigo, Marco.
da → dará

Sancho dará el sombrero suyo
al amigo, Marco.

산초는 친구, 마르꼬에게 그의 모자를 줄 것이다.

María dará el sombrero suyo
a la amiga, Julia.
da → dará

María dará el sombrero suyo
a la amiga, Julia.

마리아는 그녀의 모자를 친구, 훌리아에게 줄 것이다.

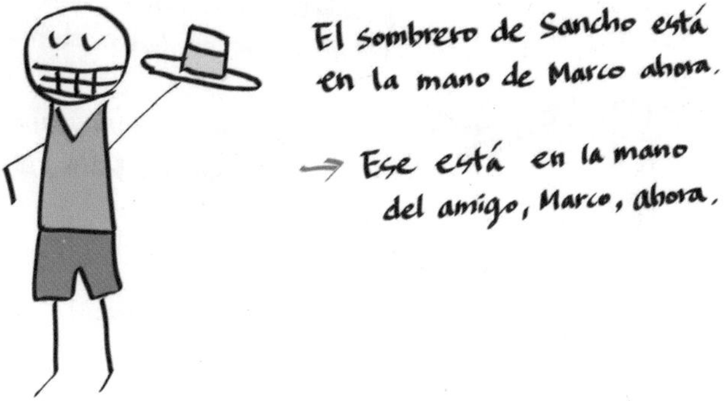
El sombrero de Sancho está
en la mano de Marco ahora.
→ Ese está en la mano
del amigo, Marco, ahora.

El sombrero de Sancho está
en la mano de Marco ahora.
Ese está en la mano del amigo, Marco, ahora.

산초의 모자는 지금 마르꼬의 손에 있다.
그것은 지금 친구, 마르꼬의 손에 있다.

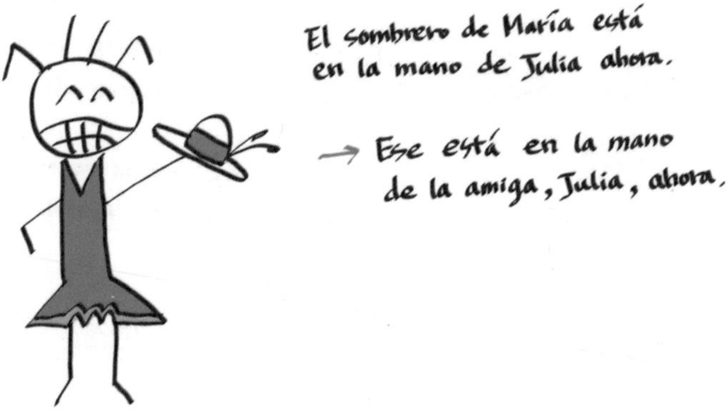
El sombrero de María está
en la mano de Julia ahora.
→ Ese está en la mano
de la amiga, Julia, ahora.

El sombrero de María está
en la mano de Julia ahora.
Ese está en la mano de la amiga, Julia, ahora.

마리아의 모자는 지금 훌리아의 손에 있다.
그것은 지금 친구, 훌리아의 손에 있다.

El chico pondrá el sombrero
de María sobre la mesa.
pondrá ↔ pone

El chico pondrá el sombrero de María sobre la mesa.

소년은 테이블 위에 마리아의 모자를 둘 것이다.

Sancho pone ese
sobre la mesa.

Sancho pone ese sobre la mesa.

산초는 테이블 위에 그것을 놔둔다.

Ese está sobre la mesa.
El chico puso ese ahí.
puso ↔ pone ↔ pondrá

Ese está sobre la mesa.
El chico puso ese ahí.

그것은 테이블 위에 있다.
소년은 그것을 그곳에 놔뒀다.

Esta es el agua.
El agua está
en la botella.

Esta es el agua.
El agua está en la botella.

이것은 물입니다.
물은 병 안에 있습니다.

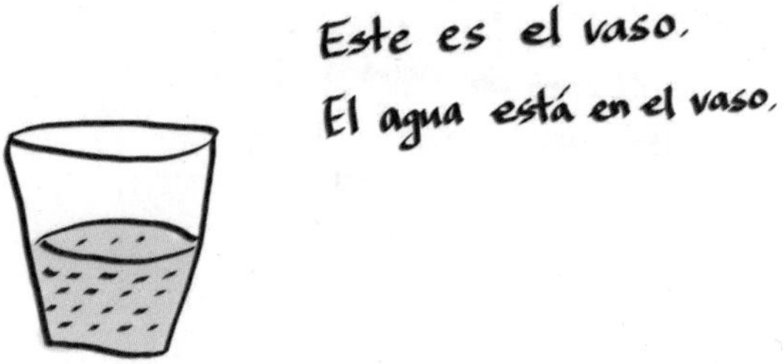
Este es el vaso.
El agua está en el vaso.

Este es el vaso.
El agua está en el vaso.

이것은 컵입니다.
물은 컵 안에 있습니다.

El vaso está sobre la mesa.
El agua está en el vaso.
El vaso con agua está
sobre la mesa.

컵은 테이블 위에 있다.
물은 컵 안에 있다.
물이 있는 컵은 테이블 위에 있다.

El vaso está fuera de la mesa.
El agua no está en el vaso.

El vaso está fuera de la mesa.
El agua no está en el vaso.

컵은 테이블 밖에 있다.
물은 컵 안에 없다.

El vaso y
el agua están
en el suelo.

El vaso y el agua están en el suelo.

컵과 물은 바닥에 있다.

Este es el barco.
El barco está sobre el agua.

Este es el barco.
El barco está sobre el agua.

이것은 배이다.
배는 물 위에 있다.

Estos barcos están sobre el agua.
Estos son tres barcos.

Estos barcos están sobre el agua.
Estos son tres barcos.

이 배들은 물 위에 있다.
이것들은 세 척의 배이다.

Estos son mis brazos.
Este es mi brazo derecho.
Este es mi brazo izquierdo.

Estos son mis brazos.
Este es mi brazo derecho.
Este es mi brazo izquierdo.

이것들은 나의 팔(들)이다.
이것은 나의 오른쪽 팔이다.
이것은 나의 왼쪽 팔이다.

Estas son sus manos.
Esta es su mano derecha.
Esta es su mano izquierda.

Estas son sus manos.
Esta es su mano derecha.
Esta es su mano izquierda.

이것들은 그녀의 손(들)이다.
이것은 그녀의 오른쪽 손이다.
이것은 그녀의 왼쪽 손이다.

¿Hablas tú chino?
Sí, hablo chino.

¿Hablas tú chino?
Sí, hablo chino.

너는 중국어를 (말)하니?
응, 중국어를 (말)하지.

¿Habla inglés bien María?
Um..., ella no habla bien inglés,
pero habla chino.

¿Habla inglés bien María?
Um..., ella no habla bien inglés,
pero habla chino

마리아는 영어를 잘 (말)하니?
음..., 그녀는 영어를 잘 (말)하지 못해.
그러나, 중국어를 (말)하지.

¿De quién habláis?
Hablamos de María.
María habla muy bien chino.

¿De quién habláis?
Hablamos de María.
María habla muy bien chino.

너희들은 누구에 대해 말하니?
우리는 마리아에 관해 말해.
마리아는 중국어를 매우 잘 (말)한다.

Yo hablo...
Tú hablas...
Él(Ella) habla...
Nosotros hablamos...
Vosotros habláis...
Ellos(Ellas) hablan...

Yo hablo...
Tú hablas...
Él(Ella) habla...
Nosotros hablamos...
Vosotros habláis...
Ellos(Ellas) hablan...

나는 ...를 말한다.
너는 ...를 말한다.
그(녀)는 ...를 말한다.
우리는 ...를 말한다.
너희들은 ...를 말한다.
그(녀)들은 ...를 말한다.

¿Qué hace Sancho?
¿Estudia? ¿Trabaja?
Él no trabaja.
Él estudia español
en la biblioteca.

¿Qué hace Sancho?
¿Estudia? ¿Trabaja? Él no trabaja.
Él estudia español en la biblioteca.

산초는 뭐하니?
공부해? 일해? 그는 일하지 않는다.
그는 도서관에서 스페인어 공부한다.

¿Qué hace el padre
de Sancho?
Él es profesor.
Enseña las matemáticas
en la escuela.

¿Qué hace el padre de Sancho?
Él es profesor.
Enseña las matemáticas en la escuela.

산초의 아버지는 뭐하시니?
그분은 선생님이시다.
학교에서 수학을 가르치신다.

¿Dónde trabaja tu padre?
Mi padre es médico.

¿Dónde trabaja tu padre?
Mi padre es médico.

너희 아버지는 어디에서 일하시니?
나의 아버지는 의사이다.

el hospital / la fábrica
la cafetería / el hotel
la escuela / el banco
la iglesia / el aeropuerto
el supermercado / la gasolinera
el parque / la tienda de conveniencia

병원 / 공장
카페(식당) / 호텔
학교 / 은행
교회 / 공항
슈퍼마켓 / 주유소
공원 / 편의점

¡María! ¿Qué quieres hacer ahora?
Yo quiero comer el helado.

¡María! ¿Qué quieres hacer ahora?
Yo quiero comer el helado.

마리아! 지금 뭐 하고 싶니?
난 아이스크림을 먹고 싶어.

Yo soy estudiante.
Yo estudio español en la escuela.
Yo hablo coreano, inglés y español.

Yo soy estudiante.
Yo estudio español en la escuela.
Yo hablo coreano, inglés y español.

나는 학생이다.
나는 학교에서 스페인어를 공부한다.
나는 한국어, 영어, 그리고 스페인어를 말한다.

¿Qué quieres comer?
la manita de cerdo
el pescado / la carne

넌 뭘 먹고 싶니?
족발
생선 / 고기

el pan / las patatas fritas
el perro caliente / la bebida
la sopa / el zumo
la hamburguesa / los caramelos

빵 / 감자 튀김
핫도그 / 음료수
스프 / 주스
햄버거 / 캬라멜(사탕)

¿Qué quieres comer?
Yo quiero comer la fruta.
la naranja / la uva
la sandía / la piña
el plátano / la manzana
la pera / el mango

넌 뭘 먹고 싶니?
난 과일이 먹고 싶어.
오렌지 / 포도
수박 / 파인애플
바나나 / 사과
배 / 망고

la fresa / la granada
la cereza / el melocotón
el caquí / el melón

딸기 / 석류
체리 / 복숭아
감 / 멜론

¿Qué quiere comer, Marco?
Marco quiere comer la verdura.
la berenjena / la zanahoria
el ají / la calabaza
el hongo / la cebolla
la judía / la col

마르꼬는 뭘 먹고 싶어 하지?
마르꼬는 야채를 먹고 싶어 한다.
가지 / 당근
고추 / 호박
강낭콩 / 배추

el pepino / el pimiento
la batata dulce / el brócoli
el ajo

오이 / 피망
고구마 / 브로콜리
마늘

Yo como...
Tú comes...
Él(Ella) come...
Nosotros comemos...
Vosotros coméis...
Ellos(Ellas) comen...

Yo como...
Tú comes...
Él(Ella) come...
Nosotros comemos...
Vosotros coméis...
Ellos(Ellas) comen...

나는 ...를 먹는다.
너는 ...를 먹는다.
그(녀)는 ...를 먹는다.
우리는 ...를 먹는다.
너희들은 ...를 먹는다.
그(녀)들은 ...를 먹는다.

¡Te invito a comer!
Hoy es mi cumpleaños.
¡Qué bien!
¡Felicidades!

¡Te invito a comer!
Hoy es mi cumpleaños.
¡Qué bien! ¡Felicidades!

네게 먹을 것 살께!
오늘이 내 생일이야.
아주 좋은데! 축하해!

¿Qué comemos en la fiesta del cumpleaños?
¡La tarta!
la llama / la vela / la uva / la fresa
la nata / la naranja

우리 생일 파티에서 뭐 먹니? 케이크!
불꽃 / 초 / 포도 / 딸기
생크림 / 오렌지

¿Qué comemos el cumpleaños de Sancho?
¡La Pizza!
los agregados / un pedazo / el queso
la espátula / la masa de pizza

우리 산초 생일에 뭐 먹니? 피자!
토핑 / 한 조각 / 치즈
피자 터너 / 피자 도우

¿Y para beber?
la pajilla / la tapa / el vaso / las burbujas
la gaseosa / el café / el café caliente
la crema / la taza / el patillo / el azúcar líquido
la copa / una rodaja de limón / el zumo
el zumo de naranja / el pie de copa

그리고 음료는?
빨대 / 뚜껑 / 컵 / 버블(거품)
탄산음료 / 커피 / 따뜻한 커피
크림 / (커피)잔 / 찻잔 접시/ 액상 설탕
(와인)잔 / 둥근 레몬조각 / 주스
오렌지 주스 / 와인잔 베이스

¿Qué quieres hacer?
Yo quiero....
pescar / subir la montaña / sacar la foto
cultivar un jardín / dibujar
ver la película

넌 무엇을 하고 싶니? 나는 .... 하고 싶어.
낚시 / 등산 / 사진 찍기
화단 가꾸기 / 그림 그리기 / 영화보기

¿Quiere escuchar la música?
Sí, quiero escuchar la música K-Pop.

¿Quiere escuchar la música?
Sí, quiero escuchar la música K-pop.

음악 듣는 것을 좋아하나요?
응, 케이팝을 듣는 것을 좋아해.

María quiere....
caminar / participar en la fiesta / bailar
jugar con la amiga / cantar / estudiar

마리아는 ... 을 좋아한다..
걷는다 / 파티에 참가하다 / 춤추다
친구와 놀다 / 노래하다 / 공부하다

¿Qué queres ver
al viajar por España?
¡En Barcelona,
la Sagrada
Familia!
Antonio
Gaudí.

¿Qué quieres ver al viajar por España?
¡En Barcelona, la Sagrada Familia!

스페인 여행할 때, 무엇을 보고 싶니?
바르셀로나에서 성가족성당!

Yo quiero...
Tú quieres...
Él(Ella) quiere...
Nosotros quermos...
Vosotros queréis...
Ellos(Ellas) quieren...

Yo quiero ...
Tú quieres ...
Él(Ella) quiere ...
Nosotros queremos ...
Vosotros queréis ...
Ellos(Ellas) quieren ...

나는 ...를 좋아한다.
너는 ...를 좋아한다.
그(녀)는 ...를 좋아한다.
우리는 ...를 좋아한다.
너희들은 ...를 좋아한다.
그(녀)들은 ...를 좋아한다.

¿Quieres ir al Camino de Santiago?
¡Vamos!

넌 산띠아고 (순례)길을 가고 싶니?
우리 가자!

Queremos
ir a las cataratas
del Iguazú
en Argentina

Queremos ir a las cataratas del Iguazú en Argentina.

우리는 아르헨티나에서
이과수 폭포에 가고 싶다.

Machu Picchu
Marco quiere subir
Machu Picchu
en Perú.

Marco quiere subir Machu Picchu en Perú.

마르꼬는 페루에 있는 마추피추에
올라가고 싶어한다.

¿Dónde está el moái?
moái
Está en la isla de Pascua, Chile.

¿Dónde está el moái?
Está en la isla de Pascua, Chile.

어디에 모아이 석상이 있지?
칠레, 이스터 섬에 있어.

¡Vamos a viajar
por el salar de Uyuni, Bolivia!
Bolivia

¡Vamos a viajar por el salar de Uyuni, Bolivia!

우리 볼리비아, 우유니 소금사막을 여행 가자!

¿Cómo voy
a China?
Tú vas a China
en avión.
el tren
en barco
el coche
el autobús

¿Cómo voy a China?
Tú vas a China en avión(en barco).
el tren / el autobús / el coche

어떻게 중국에 가야하지?
넌 비행기 비행기(배)를 타고 중국에 간다.
기차 / 버스 / 자동차

¿A dónde quieres ir?
Europa / Asia / España
Península / África
Corea / Australia

어디로 가고 싶니?
유럽 / 아시아 / 스페인
반도 / 아프리카
한국 / 오스트레일리아

El Mapa Mundial (2)

Quiero ir a Chile en la América del Sur.
América del Norte
América del Sur
Océano Pacífico(Atlántico)
Mapa Mundial

남미의 칠레에 가고 싶어.
북미
남미
태평양(대서양)
세계지도

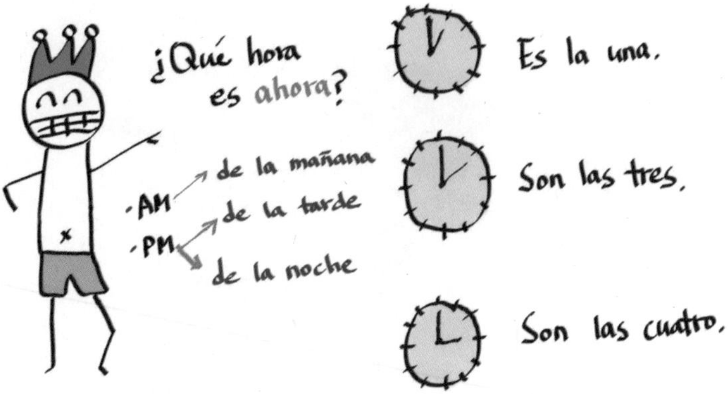
¿Qué hora
es ahora?
·AM
·PM
de la mañana
de la tarde
de la noche
Es la una.
Son las tres.
Son las cuatro.

¿Qué hora es ahora?

Es la una. Son las tres. Son las cuatro.

지금 몇 시죠?
1시 / 3시 / 4시

¿Qué hora es
ahora?
Son las nueve
y media
de la noche.

¿Qué hora es ahora?
Son las nueve y media de la noche.

지금 몇 시죠?
밤 9시 30분입니다.

¡Qué hora es?
Es la una y veinte.
Son las cuatro menos cinco
Son las diez y cuarto.
Son las siete y media.
Son las seis menos diez.

¿Qué hora es?
Es la una y veinte.
Son las cuatro menos cinco.
Son las diez y cuarto.
Son las siete y media.
Son las seis menos diez.

몇 시죠?
1시 20분입니다.
4시 5분 전입니다.
10시 15분입니다.
7시 30분입니다.
6시 10전입니다.

9
8
7
Son las ocho
menos cuarto.
3
Son las cuatro
y cuarto.
4
5
12
3
Son las tres
en punto.

Son las ocho menos cuarto.
Son las cuatro y cuarto.
Son las tres en punto.

8시 15분 전입니다.
4시 15분입니다.
3시 정각입니다.

uno(una), dos, tres, cuatro, cinco,
seis, siete, ocho, nueve, diez,
once, doce, trece, catorce, quince

1, 2, 3, 4, 5,
6, 7, 8, 9, 10,
11, 12, 13, 14, 15

Marco, ¿Qué haces este domingo?
Yo voy a la iglesia todos los domingos.
¡Vamos a ver la película!
¡No voy al cine!

Marco, ¿qué haces este domingo?
Yo voy a la iglesia todos los domingos.
¡Vamos a ver la película!
No voy al cine.

마르꼬, 너 이번 일요일에 뭐해?
난 매주 일요일에 교회에 가.
우리 영화보러 가자!
난 영화관에 안가.

Lo importante
para hablar de la Hora.
1:05
Es la una y cinco.
2:15
Son las dos y cuarto.
3:30
Son las tres y media.
4:00
Son las cuatro en punto.

Es la una y cinco.
Son las dos y cuarto.
Son las tres y media.
Son las cuatro en punto.

1시 05분입니다.
2시 15분입니다.
3시 30분입니다.
4시 정각입니다.

5:55
son las seis menos cinco.
6:06 AM.
Son las seis y
seis de la mañana.
6:06 PM.
Son las seis y
seis de la tarde.

Son las seis menos cinco.
Son las seis y seis de la mañana.
Son las seis y seis de la tarde.

6시 5분 전입니다.
오전 6시 6분입니다.
오후 6시 6분입니다.

¿Qué día es hoy?
Hoy es miércoles.

오늘은 무슨 요일이니?
오늘은 수요일이야.

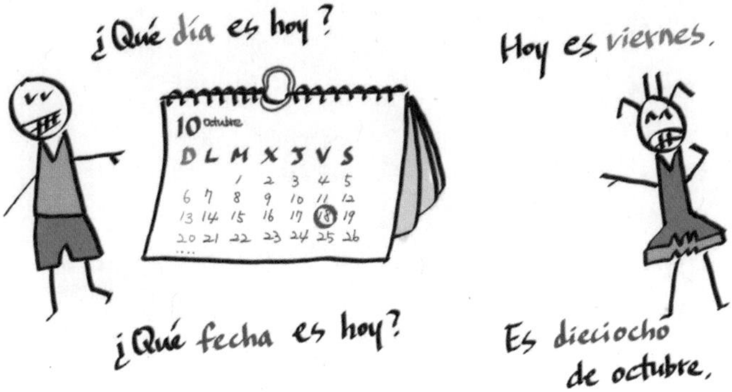
¿Qué día es hoy?
Hoy es viernes.
10 octubre
D L M X J V S
¿Qué fecha es hoy?
Es dieciocho de octubre.

¿Qué día es hoy? / Hoy es viernes.
¿Qué fecha es hoy?
Es dieciocho de octubre.

오늘은 무슨 요일이니? / 오늘은 금요일이야.
오늘은 며칠이니?
10월 18일이야.

¿Qué día es mañana? / ¿Qué día es hoy?
¿Qué día es ayer? / ¿Qué fecha es mañana?

내일은 무슨 요일이니? / 오늘은 무슨 요일이니?
어제는 무슨 요일이니?/ 내일은 며칠이니?

diez, veinte, treinta, cuarenta,
cincuenta, sesenta, setenta, ochenta,
noventa, ciento, dieciséis, veintiuno,
veintiocho, treinta y uno,
cuarenta y dos

10, 20, 30, 40,
50, 60, 70, 80,
90, 100, 16, 21,
28, 31, 42

uno, dos, tres, cuatro, cinco
seis, siete, ocho, nueve, diez
primero, segundo, tercero, cuarto
quinto, sexto, séptimo, octavo
noveno, décimo

1,2,3,4,5
6,7,8,9,10
1번째, 2번째, 3번째, 4번째,
5번째, 6번째, 7번째, 8번째
9번째, 10번째

¡A dónde vas?
Yo voy a casa.
¡Adiós, hasta mañana!

¿A dónde vas?
Yo voy a casa.
¡Adiós, hasta mañana!

너 어디가니?
나 집에 간다. 잘가, 내일 보자!

Yo voy a la escuela.
Tú vas a la escuela.
Él(Ella) va a la escuela.

Yo voy a la escuela.
Tú vas a la escuela.
Él(Ella) va a la escuela.

나는 학교에 간다.
너는 학교에 간다.
그(녀)는 학교에 간다.

Nosotros vamos a la escuela.
Vosotros vais a la escuela.
Ellos(Ellas) van a la escuela.

Nosotros vamos a la escuela.
Vosotros vais a la escuela.
Ellos(Ellas) van a la escuela.

우리는 학교에 간다.
너희들은 학교에 간다.
그(녀)들은 학교에 간다.

Yo voy al cine. Yo voy a ver la película.
¿Vas al cine conmigo?
No voy al cine contigo.
Voy a cenar con mi familia.

난 영화관에 간다. 난 영화를 볼 거야.
넌 나와 함께 영화관에 갈래?
난 너와 함께 영화관에 가지 않아.
난 나의 가족과 저녁 식사를 할 거야.

Marco va a la playa.
Vs.
Marco va a nadar
en la playa.

Marco va a la playa.
Marco va a nadar en la playa.

마르꼬는 바닷가에 간다.
마르꼬는 바닷가에서 수영을 할 것이다.

Ellos van a .....
la casa / el restaurante /
el gran almacén / el gimnasio

그들은 .....으로 간다.
집 / 식당 /
백화점 / 체육관

Ellos van a .....
limpiar la casa / cenar en el restaurante / comprar en el gran almacén / hacer deporte en el gimnasio

그들은 .....(를)할 것이다.
집 청소 / 식당에서 저녁식사 / 백화점에서 구매 / 체육관에서 운동

¿Qué tiempo hace hoy?
Hace calor.

¿Qué tiempo hace hoy?
Hace calor.

오늘 날씨는 어때?
더워.

¿Qué tiempo hace?

Hace fresco.
Hace frío.
Hace viento.
Hace sol.
Llueve.
Nieva.

¿Qué tiempo hace?
Hace fresco. Hace viento. Llueve.
Hace frío. Hace sol. Nieva.

날씨는 어때?
선선해. 바람이 불어. 비와.
추워. 맑아(해 났다). 눈와.

¿Qué tiempo hace hoy en Madrid?
No llueve. Hace sol en Madrid.
Está nublado en Barcelona.

오늘 마드리드 날씨는 어때?
비 안와. 마드리드는 해 났다.
바르셀로나는 흐리다.

¿Qué tiempo hace en Corea en .....?
① Navidad ② primavera ③ julio

...에 한국의 날씨는 어때?
① 크리스마스 ② 봄 ③ 7월

En Corea,

Hace frío, y nieva mucho
en Navidad.

Hace fresco y buen tiempo
en primavera.

Hace calor, y llueve mucho
en julio.

En Corea,
Hace frío, y nieva mucho en Navidad.
Hace fresco y buen tiempo en primavera.
Hace calor, y llueve mucho en julio.

한국에서
크리스마스에 춥고, 눈이 많이 와.
봄에 선선하고, 좋은 날씨야.
7월에 덥고, 그리고 비가 많이 와.

Está nublado.
Hace sol
Hace viento.
Hace buen tiempo.
Llueve.
Hace relámpago
Hace calor.
Hace mal tiempo.
Está despejado.
Nieva.
Hace frío.
El Tiempo

El tiempo:
Está nublado. Hace sol. Hace viento.
Hace buen(mal) tiempo. Llueve.
Hace relámpago. Hace calor.
Está despejado. Nieva. Hace frío.

날씨:
구름이 꼈다. 해 났다. 바람이 분다.
좋은(나쁜) 날씨다. 비 온다.
번개 친다. 덥다.
날씨가 갰다. 눈 온다. 춥다.

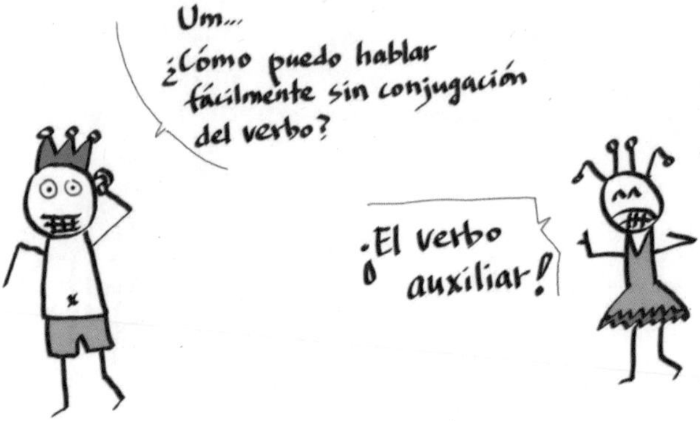
Um...
¿Cómo puedo hablar fácilmente sin conjugación del verbo?
¡El verbo auxiliar!

Um... ¿Cómo puedo hablar fácilmente sin conjugación del verbo?
¡El verbo auxiliar!

음... 어떻게 동사 변화 없이 쉽게 말을 할 수 있을까?
조동사!

¿Cuál es el verbo auxiliar?
A ver...
Querer ...
Ir a ...
Poder ...
Tener que ...

¿Cuál es el verbo auxiliar?
Querer ...
Ir a ...
Poder ...
Tener que ...

조동사는 어떤 것이지?
...를 좋아하다
...를 할 것이다.
...를 할 수 있다.
...를 해야만 한다.

Yo puedo ...
Tú puedes ...
Él(Ella) puede ...
Nosotros podemos ...
Vosotros podéis ...
Ellos(Ellas) pueden ...

나는 ...를 할 수 있다.
너는 ...를 할 수 있다.
그(그녀)는 ...를 할 수 있다.
우리는 ...를 할 수 있다.
너희들은 ...를 할 수 있다.
그(녀)들은 ...를 할 수 있다.

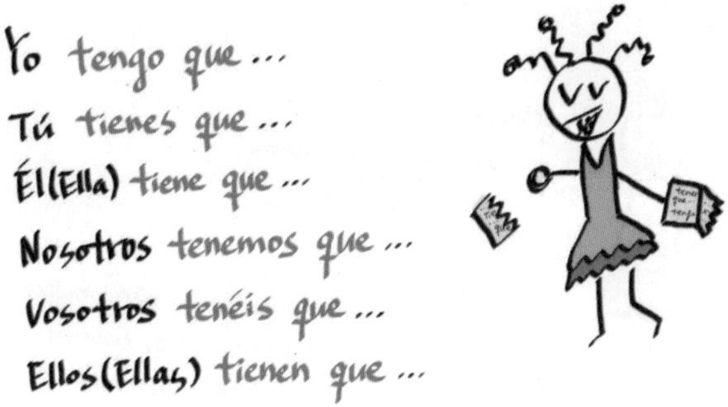

Yo tengo que...
Tú tienes que...
Él(Ella) tiene que...
Nosotros tenemos que...
Vosotros tenéis que...
Ellos(Ellas) tienen que...

나는 ...를 해야만 한다.
너는 ...를 해야만 한다.
그(그녀)는 ...를 해야만 한다.
우리는 ...를 해야만 한다.
너희들은 ...를 해야만 한다.
그(녀)들은 ...를 해야만 한다.

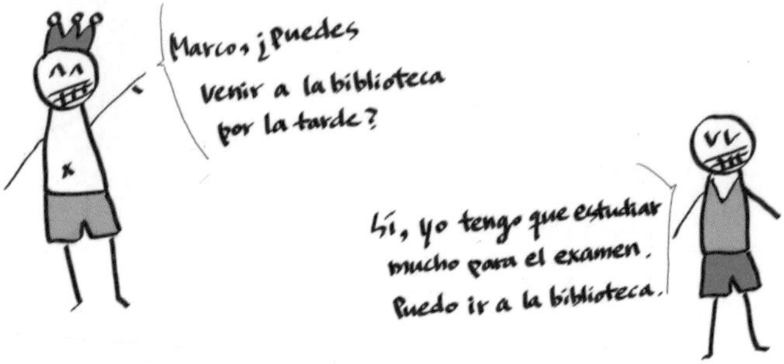
Marco, ¿Puedes
venir a la biblioteca
por la tarde?
Sí, yo tengo que estudiar
mucho para el examen.
Puedo ir a la biblioteca.

Marco, ¿puedes venir a la biblioteca
por la tarde?
Sí, yo tengo que estudiar mucho
para el examen. Puedo ir a la biblioteca.

마르꼬, 너 오후에 도서관에 올 수 있니?
응, 난 시험을 위해 공부를 많이 해야만 해.
도서관에 갈 수 있어.

Yo puedo ......

hablar, llevar, trabajar,

mirar, escuchar, levantar

나는 ...를 할 수 있다.
말하다, 가지고 가다, 일하다,
보다, 듣다, 들어 올리다

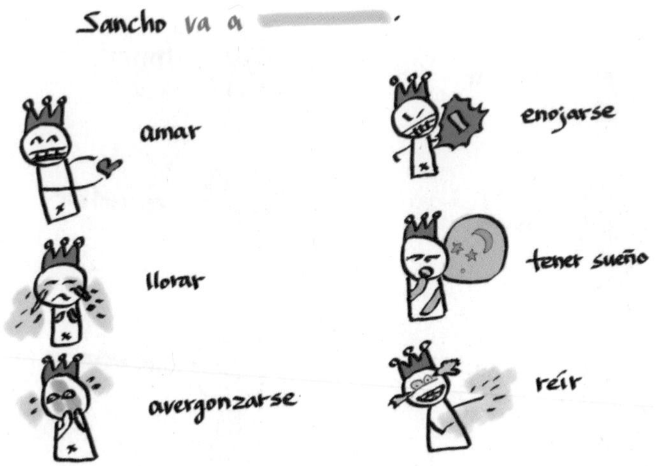

Sancho va a ....
amar, llorar, avergonzarse,
enojarse, tener sueño, reír

산초는 ...할 것이다.
사랑하다, 울다, 부끄러워하다,
화를 내다, 졸립다, 웃다

Sancho tiene que sentarse y esperar.
María tiene que entrevisitar.
el niño, el alumno, el entrevistado, la silla,
la niña, la alumna, la entrevistada,
los entrevistadores, los profesores

산초는 앉아 있어야 하고, 기다려야만 한다.
마리아는 인터뷰를 해야만 한다.
소년, 남학생, 면접자(남), 의자,
소녀, 여학생, 면접자(여),
면접관들, 선생님들

María puede regar.
Las flores van a crecer muy bien.
la flor, el eje floral, la hoja, los pétalos,
el agua, el jardín, la manguera

마리아는 물을 줄 수 있다.
꽃들은 매우 잘 자랄 것이다.
꽃, 꽃줄기, 잎, 꽃잎,
물, 정원, 호스

Sancho puede dibujar.
los lápices de colores, la lámpara,
el cuadro, el crayón

산초는 그림을 그릴 수 있다.
색연필, 전등,
그림, 크레용

Sancho va a alzar la bandera.
la cuerda, el mástil, la bandera
Marco puede cortar la cuerda.
el mango, las tijeras

산초는 깃발을 올릴 것이다.
밧줄, 깃대, 깃발
마르꼬는 밧줄을 자를 수 있다.
손잡이, 가위

Sancho tiene que limpiar el baño.
el recogedor, el mango, el trapo, la escoba
María va a lavarse las manos.
el espejo, el grifo, el lavabo

산초는 화장실을 청소해야만 한다.
쓰레받기, 손잡이, 걸레, 빗자루
마리아는 손을 닦을 것이다.
거울, 수도꼭지, 세면대

Vamos a visitar la casa de María.
la cocina, la estufa, la nevera,
la sala de estar, el sofá, el cuadro,
la mesa, el televisor, el pasillo,
la alfombra, la escalera, la puerta

마리아의 집을 방문하자.
부엌, 스토브, 냉장고,
거실, 소파, 그림,
테이블, 텔레비전, 복도(통로),
카펫, 계단, 문

el baño, el inodoro, el lavabo,
el espejo, el duchador, la bañera,
el dormitorio, el reloj, la lámpara,
el armario, la cama, la ventana

화장실(욕실), 변기, 세면대,
거울, 샤워기, 욕조,
침실, 거울, 전등,
가구, 침대, 창문

¿Qué va a hacer Marco?
arrodillarse, apludir, doblar la cintura,
estirarse, andar, sentarse,
agacharse, tumbarse

마르꼬는 무엇을 할 것이니?
무릎을 꿇는다, 박수를 치다, 허리를 굽히다,
몸을 쭉 펴다, 걷는다, 앉는다,
앞으로 숙이다, 눕는다

¿Qué va a hacer Sancho en casa?
pasar la aspiradora, lavar la ropa,
planchar la ropa, coser, barrer el suelo,
dormir, comer, cocinar, beber

산초는 집에서 무엇을 할 것인가?
청소기를 돌린다, 옷을 빨다,
옷을 다리다, 꿰매다, 바닥을 쓸다,
잠을 자다, 먹다, 요리를 하다, 마시다

¿Adónde vas?
Yo voy a España.

¿Adónde vas?
Yo voy a España.

너는 어디 가니?
난 스페인에 간다.

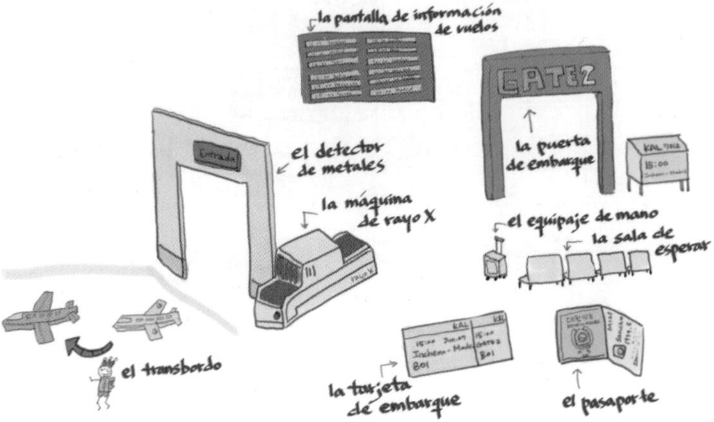

la pantalla de información de vuelos,
el detector de metales, el transbordo,
la máquina de rayo X, la puerta de embarque,
el equipaje de mano, la sala de esperar,
la tarjeta de embarque, el pasaporte

비행편 안내판,
금속탐지기, 환승,
엑스레이 탐지기, 탑승게이트,
기내용 캐리어, 대기실,
탑승권(보딩패스), 여권

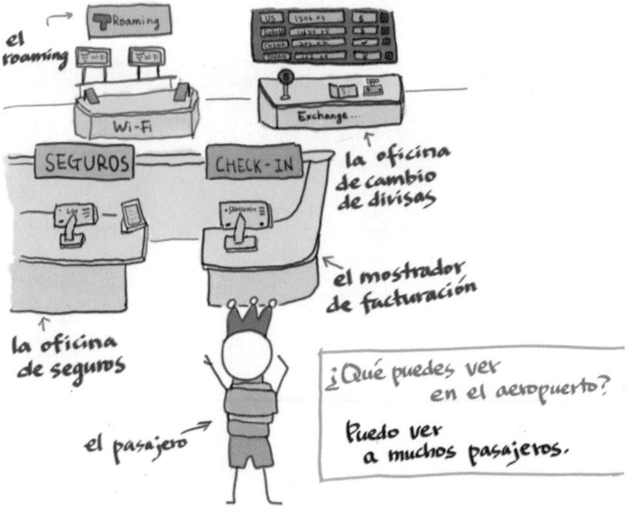

¿Qué puedes ver en el aeropuerto?
Puedo ver a muchos pasajeros.
el roaming, la oficina de cambios de divisas,
la oficina de seguros, el pasajero,
el mostrador de facturación

넌 공항에서 무엇을 볼 수 있니?
난 많은 여행객을 볼 수 있다.
로밍, 환전소,
보험(가입)장소, 여행객,
수하물 탁송 카운터

el equipaje, la cinta de equipajes,
el carrito para equipaje,
el mostrador de la aerolínea,
la salida para embarque

수하물(짐), 수하물 (수송)벨트,
(공항)카트,
항공사 카운터,
(비행)출발 탑승

¿Qué hay en el avión?
el lavabo, la azafata, el chaleco salvavidas,
el bolsillo del asiento, la bandeja,
la salida de emergencia,
la persiana, la ventana

비행기 안에는 무엇이 있나요?
세면대(화장실), 스튜어디스, 구명조끼,
좌석 포켓(주머니), 좌석 테이블,
비상출구,
창문 덮개, 창문

Hay ventanas y asientos.
el compartimiento superior,
el asiento de ventana(pasillo),
el cinturón de seguridad

창문들과 좌석들이 있어요.
상단 선반,
창가(복도)측 좌석,
안전벨트

¿Dónde estás?
la recepcionista, la recepción, el ascensor,
el botones, el plano de ciudad,
el equipaje, el mozo

넌 어디에 있니?
접수담당자(여), 접수처, 엘리베이터,
벨보이, 도시 안내도,
짐, 호텔 종업원

el Lobby del Hotel

Yo estoy en el lobby del Hotel.
la información, el cliente,
la mochila, la entrada

난 호텔 로비에 있어.
안내, 고객(남),
배낭, 입구

¿Qué hay en la habitación del hotel?
el balcón, el aire-acondicionado,
la lámpara, el teléfono, el cuadro,
la habitación, la televisión, la mesita,
la almohada, la cama doble,
la mochila, la manta

호텔 방에는 무엇이 있나요?
발코니, 에어컨,
전등, 전화기, 그림,
방, 텔레비전, 협탁,
베개 더블 침대,
배낭, 담요(이불)

Hay cama doble y mesita.

Hay cama doble y mesita.
la ducha, el espejo, el desagüe,
el lavabo, el inodoro
el cuarto de baño

더블 침대와 협탁이 있어요.
샤워, 거울, 배수구,
세면대, 변기,
화장실

¿Qué quieres hacer?
la meseta, la nube, la montaña,
la cascada, la presa, el bosque,
el lago, el río, la llanura,
el estanque

넌 무엇을 하고 싶니?
고원지대, 구름, 산,
폭포, 댐, 숲,
호수, 강, 평원(평야),
저수지

Quiero descansar en la playa.
el pico, la puesta del sol,
el faro, el horizonte, la cuenca,
la valle, el parasol

나는 해변에서 쉬고 싶어.
산의 정상(꼭대기), 일몰,
등대, 수평선, 분지,
계곡, 파라솔

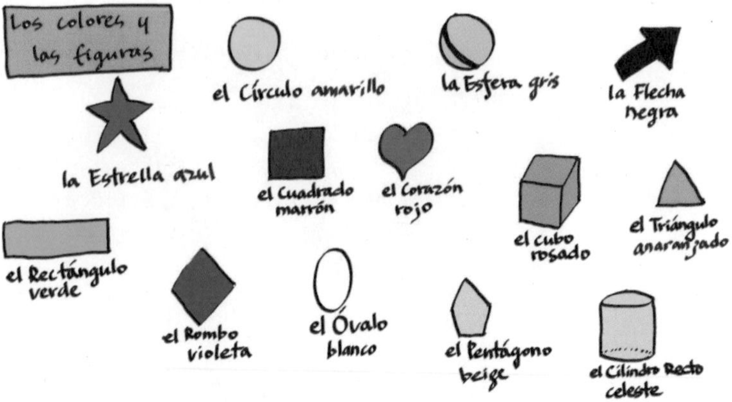

el Círculo amarillo, la Esfera gris,
la Flecha negra, la Estrella azul,
el Cuadrado marrón, el corazón rojo,
el Cubo rosado, el Triángulo anaranjado,
el Rombo violeta, el Óvalo blanco,
el Pentágono beige, el cilindro Recto celeste.

노란색 원, 회색 구체,
검정색 화살, 파란색 별,
밤색 네모, 빨간색 하트,
분홍색 큐브, 오렌지색 삼각(형),
보라색 마름모, 흰색 타원,
베이지색 오각(형), 하늘색 직원기둥

bajo ↔ alto / pequeño ↔ grande
caliente ↔ fría / vacía ↔ llena
ancha ↔ estrecha / parar ↔ ir
pesado ↔ ligero / larga ↔ corta

(키) 작은 ↔ (키) 큰 / (크기) 적은 ↔ (크기) 큰
뜨거운 ↔ 차가운 / 빈 ↔ 꽉 찬
(폭) 넓은 ↔ (폭) 좁은 / 멈추다 ↔ 가다
무거운 ↔ 가벼운 / 긴 ↔ 짧은

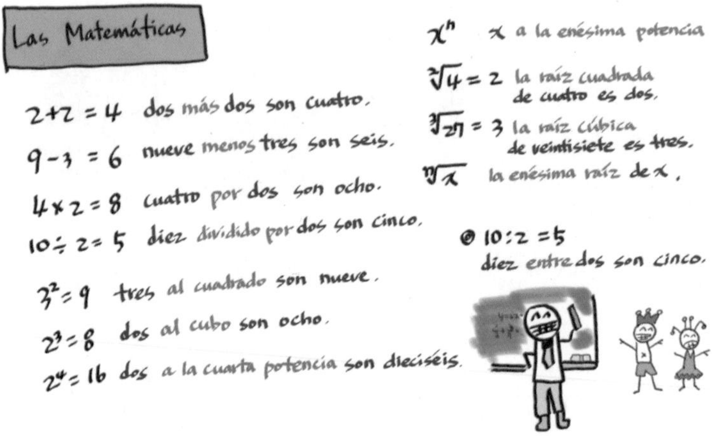
Las Matemáticas
2+2 = 4 dos más dos son cuatro.
9-3 = 6 nueve menos tres son seis.
4×2 = 8 cuatro por dos son ocho.
10÷2 = 5 diez dividido por dos son cinco.
3² = 9 tres al cuadrado son nueve.
2³ = 8 dos al cubo son ocho.
2⁴ = 16 dos a la cuarta potencia son dieciséis.
xⁿ x a la enésima potencia
²√4 = 2 la raíz cuadrada de cuatro es dos.
³√27 = 3 la raíz cúbica de veintisiete es tres.
ⁿ√x la enésima raíz de x.
10:2 = 5
diez entre dos son cinco.

más / menos / por / dividido por
al cuadrado / al cubo
a la cuarta potencia / a la enésima potencia
la raíz cuadrada / la raíz cúbica
la enésima raíz / entre

더하기 / 빼기 / 곱하기 / 나누기
제곱(2승) / 3제곱(3승)
4제곱(4승) / n제곱(n승)
제곱 근 / 3제곱 근
n제곱 근 / 나누기

Se sienta. / Se levanta.
Levanta la mano. / Baja la mano.
Se rasca la barriga. / Toca la cabeza.
Abre la puerta. / Cierra la puerta.

앉다. / 일어나다.
손을 들다. / 손을 내리다.
배를 긁다. / 머리를 만지다.
문을 열다. / 문을 닫다.

Entra en la casa. / Sale de la casa.
Apaga la luz. / Enciende la luz.
Salta. / Anda. / Corre. / Da la vuelta.

집에 들어가다. / 집에서 나오다.
불을 끄다. / 불을 켜다.
뛰다. / 걷다. / 뛰다. / 돌다.

Empuja la mesa. / Come el helado.
Bebe el agua. / Da aplausos
Pega al amigo. / Sube las escaleras.

테이블을 밀다. / 아이스크림을 먹다.
물을 마시다. / 박수를 치다.
친구를 때리다. / 계단을 오르다.

encima de... / debajo de...
detrás de... / delante de...
a la izquierda de... / a la derecha de...
entre... / cerca de... / lejos de...

~위에 / ~아래에
~의 뒤에 / ~의 앞에
~의 왼쪽에 / ~의 오른쪽에
~사이에 / ~ 가까이에 / ~에서 멀리에

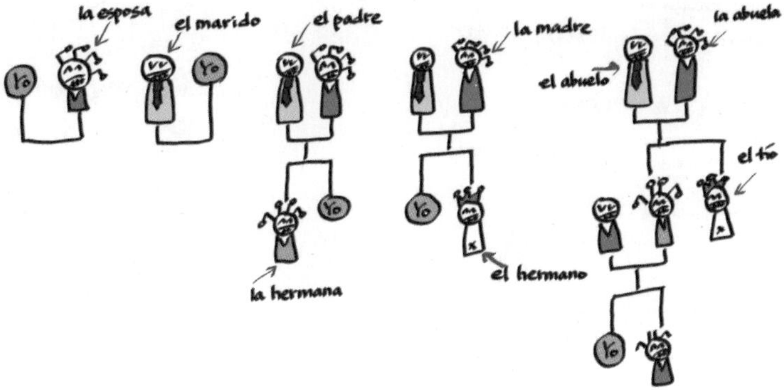

la esposa / el marido
el padre / la madre
la hermana / el hermano
el abuelo / la abuela / el tío

부인 / 남편
아버지 / 어머니
여동생(누나/언니) / 남동생(형/오빠)
할아버지 / 할머니 / 삼촌

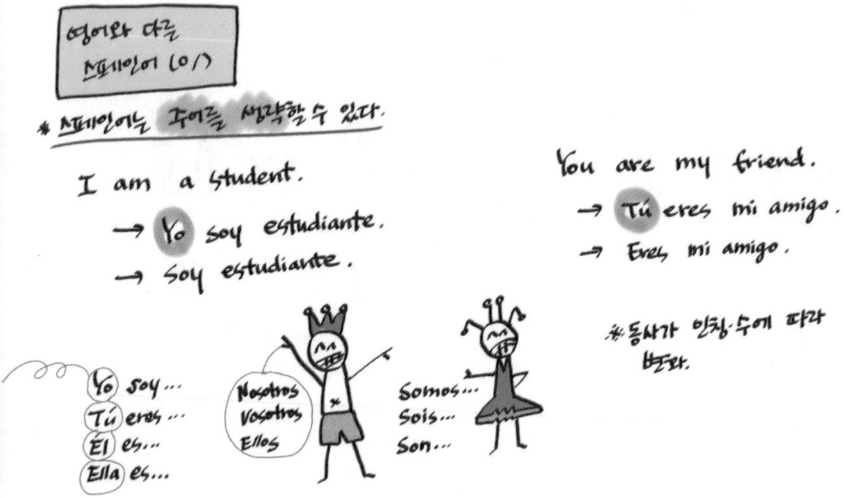
영어와 다른
스페인어 (01)
* 스페인어는 주어를 생략할 수 있다.
I am a student.
→ Yo soy estudiante.
→ Soy estudiante.
You are my friend.
→ Tú eres mi amigo.
→ Eres mi amigo.
※ 동사가 인칭·수에 따라 변화.
Yo soy...
Tú eres...
Él es...
Ella es...
Nosotros
Vosotros
Ellos
Somos...
Sois...
Son...

(Yo) soy estudiante.
(Tú) eres mi amigo.

나는 학생이다.
너는 나의 친구이다.

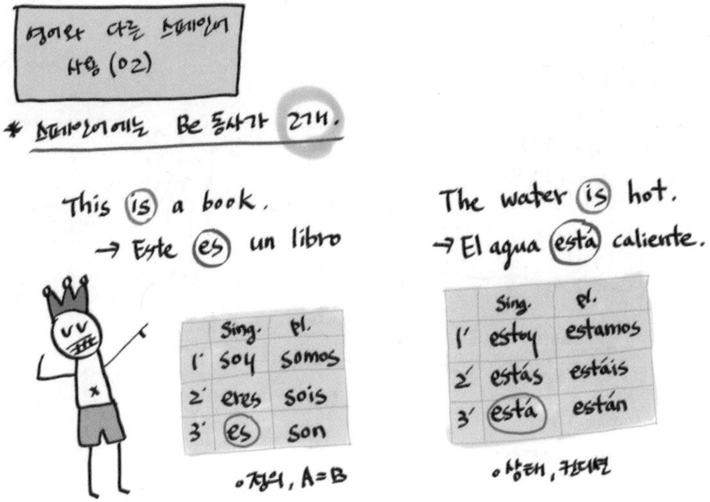

영어와 다른 스페인어
사용 (02)
* 스페인어에는 Be 동사가 2개.
This is a book.
→ Este es un libro
The water is hot.
→ El agua está caliente.
Sing.
pl.
1' soy somos
2' eres sois
3' es son
· 정의, A=B
1' estoy estamos
2' estás estáis
3' está están
· 상태, 컨디션

Este es un libro.
El agua está caliente.

이것은 책이다.
물은 뜨겁다.

영어와 다른 스페인어 (03)
※ 단수·복수 관사 형태가 다르고, 남성·여성 형태도 다르다.
an apple → una manzana
(some) apples → unas manzanas
the apple → la manzana
the apples → las manzanas
the book → el libro
the books → los libros
관사 형태가 복잡한 이유?
<정관사>
단수 복수
남 el los
여 la las
<부정 관사>
단 복
남 un unos
여 una unas

una manzana / unas manzanas
la manzana / las manzanas
el libro / los libros

한 개의 사과 / 여러 개의 사과
사과 / 사과들
책 / 책들

Cero / Ciencia / General / Gigante
Casa / Corona / Cuba / Gato / Gota / Gusta

0(숫자) / 과학 / 일반적 / 거인
집 / 왕관 / 쿠바 / 고양이 / 물방울 / 좋아하다

Hospital / Hotel
Joven / Joya

병원 / 호텔
젊은이 / 보석

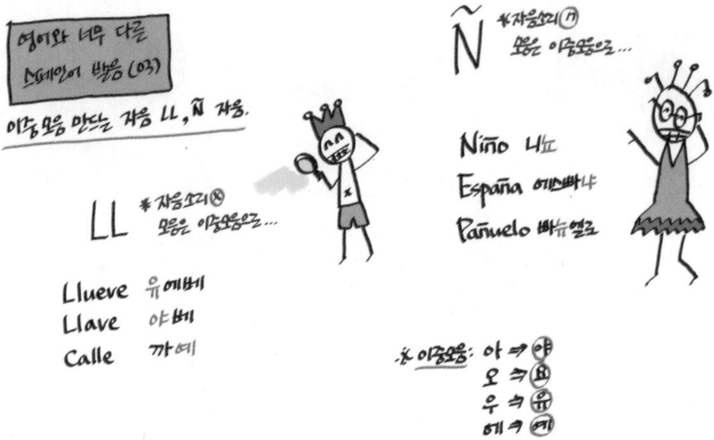
영어와 너무 다른
스페인어 발음 (03)
이중 모음 만드는 자음 LL, Ñ 자음.
Ñ *자음소리 ⑰
모음은 이중모음으로...
Niño 니뇨
España 에스빠냐
Pañuelo 빠뉴엘로
LL *자음소리 ⑧
모음은 이중모음으로...
Llueve 유에베
Llave 야베
Calle 까예
※ 이중모음: 아 ⇒ 야
오 ⇒ 요
우 ⇒ 유
에 ⇒ 예

Llueve / Llave / Calle
Niño / España / Pañuelo

비오다 / 열쇠 / 길
소녀 / 스페인 / 손수건

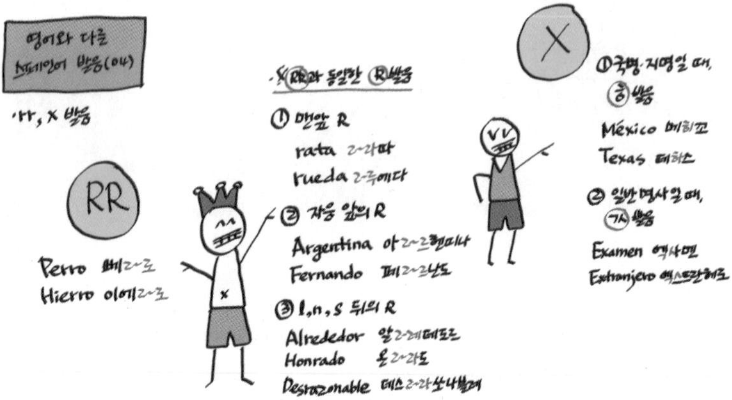

영어와 다른
스페인어 발음(04)
·rr, x 발음
RR
Perro 뻬ㄹ~로
Hierro 이에ㄹ~로
·X RR과 동일한 R발음
① 맨앞 R
rata ㄹ~라따
rueda ㄹ~루에다
② 자음 앞의 R
Argentina 아ㄹ~르헨띠나
Fernando 페ㄹ~르난도
③ l, n, s 뒤의 R
Alrededor
Honrado 온ㄹ~라도
Desrazonable
X
①국명·지명일 때,
ㅎ 발음
México 메히꼬
Texas 떼하스
② 일반명사일 때,
ㄱㅅ 발음
Examen 엑사멘
Extranjero 엑스뜨란헤로

Perro / Hierro
Rata / Rueda / Argentina / Fernando
Alrededor / Honrado / Desrazonable
México / Texas / Examen / Extranjero

개 / 쇠(철)
쥐 / 바퀴 / 아르헨티나 / 페르난도(이름)
주위 / 정직한 / 불합리한
멕시코 / 텍사스 / 시험 / 외국인

스페인어
강세규칙(이)
·모음으로 끝나는 어휘
Sancho 산초
Tu amigo 뚜 아미고
① 뒤에서 2번째 음절
Sancho 산초 (사람이름)
Amigo 아미고 (친구)
② 단음절은 강세
Yo 요 (나)
Tu 뚜 (너)

Sancho / Tu amigo
Sancho / Amigo
Yo / Tu

산초(이름) / 너의 친구
산초(이름) / 친구
나 / 너의

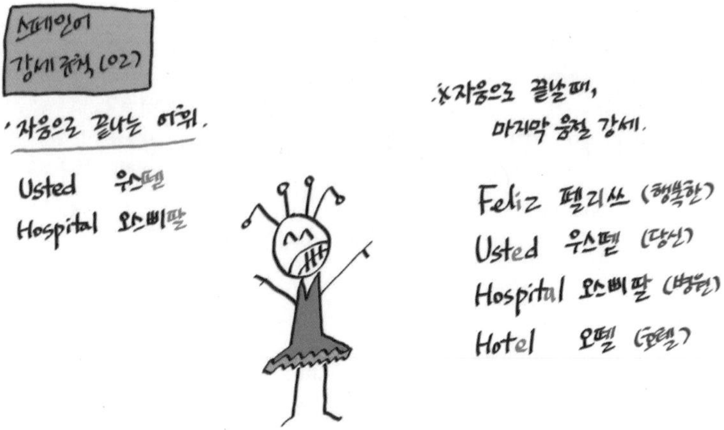
스페인어
강세 규칙 (02)
자음으로 끝나는 어휘.
Usted 우스뗃
Hospital 오스삐딸
※자음으로 끝날때,
마지막 음절 강세.
Feliz 펠리쓰 (행복한)
Usted 우스뗃 (당신)
Hospital 오스삐딸 (병원)
Hotel 오뗄 (호텔)

Usted / Hospital
Feliz / Usted / Hospital / Hotel

당신 / 병원
행복한 / 당신 / 병원 / 호텔

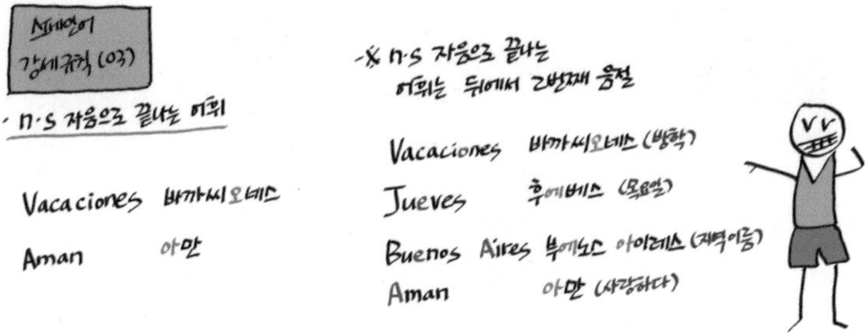
스페인어
강세규칙 (03)
· n·s 자음으로 끝나는 어휘
Vacaciones 바까씨오네스
Aman 아만
-※ n·s 자음으로 끝나는
어휘는 뒤에서 2번째 음절
Vacaciones 바까씨오네스 (방학)
Jueves 후에베스 (목요일)
Buenos Aires 부에노스 아이레스 (지역이름)
Aman 아만 (사랑하다)

Vacaciones / Aman
Vacaciones / Jueves
Buenos Aires / Aman

휴가 / 사랑하다
휴가 / 목요일 /
부에노스 아이레스(도시이름) / 사랑하다

스페인어
강세규칙(04)
·이중모음의 강세
Jueves 후에베스
Aire 아이레
※ 이중모음
① 강+약 Aire 아이레 (공기)
② 약+강 Bueno 부에노 (좋은)
③ 약+약 Luis 루이스 (사람이름)
④ 강‖강 Poema 뽀에마 (시)

Jueves / Aire
Aire / Bueno / Luis / Poema

목요일 / 공기
공기 / 좋은 / 루이스(이름) / 시

부록회화 01

¡Anímate!

힘내라(화이팅)!

부록회화 02

¡Te amo!

사랑해!

부록회화 03

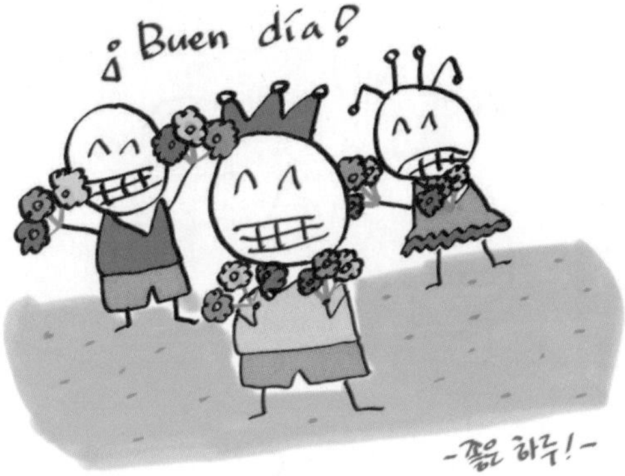
¡Buen día!
-좋은 하루!-

¡Buen día!

좋은 하루!

부록회화 04

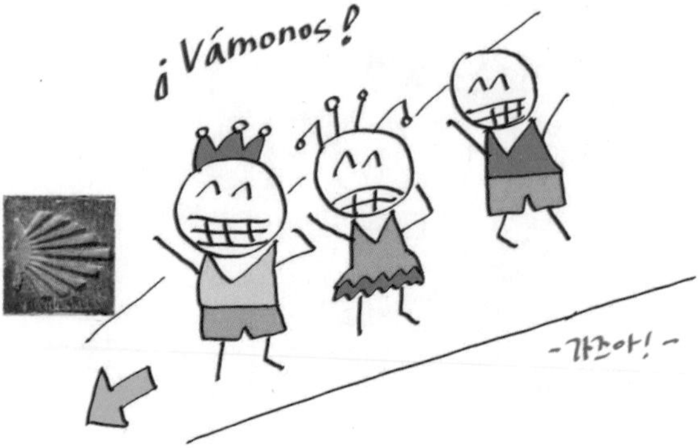
¡Vámonos!
-가즈아!-

¡Vámonos!

(우리) 가자!

부록회화 05

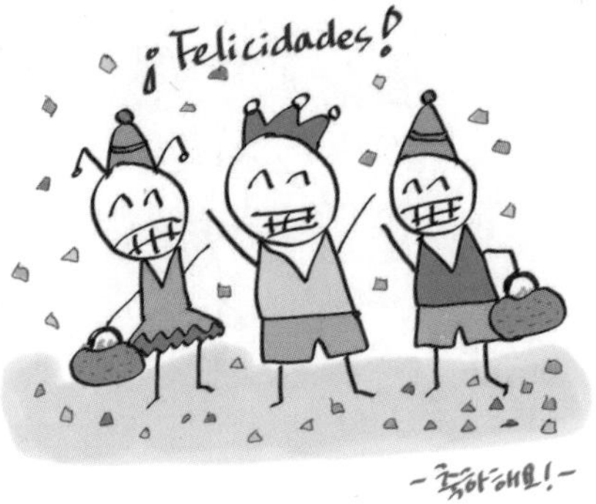
¡Felicidades!
- 축하해요! -

¡Felicidades!

축하해!

부록회화 06

¡Soy yo!

저에요!

부록회화 07

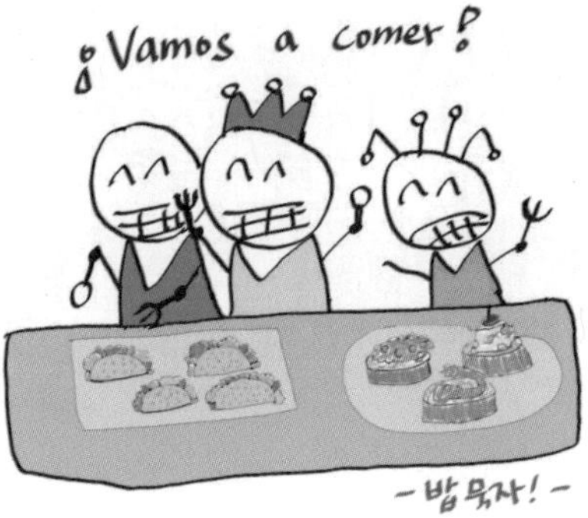
¿Vamos a comer?
-밥묵자!-

¡Vamos a comer!

(우리) 먹자!

부록회화 08

¡Vale!

오케이(좋아)!

부록회화 09

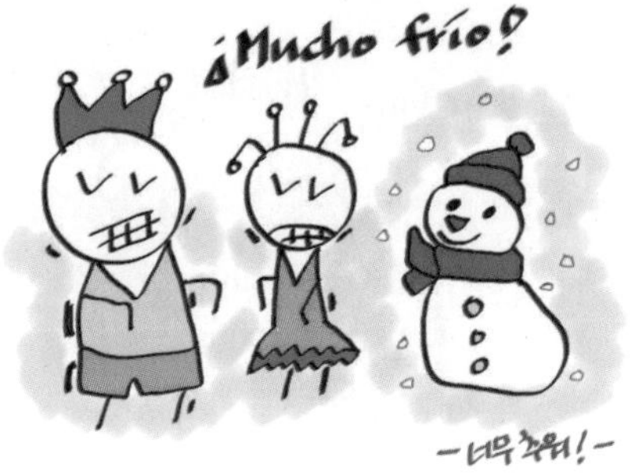
¡Mucho frío!
-너무 추워!-

¡Mucho frío!

너무 추워!

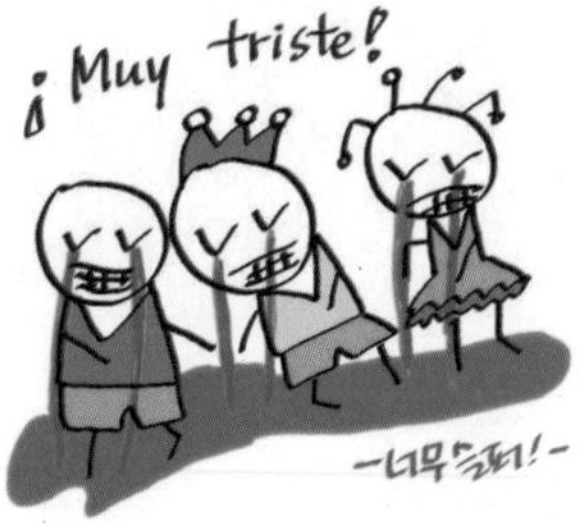
¡Muy triste!
-너무 슬퍼!-

¡Muy triste!

너무 슬퍼!

부록회화 11

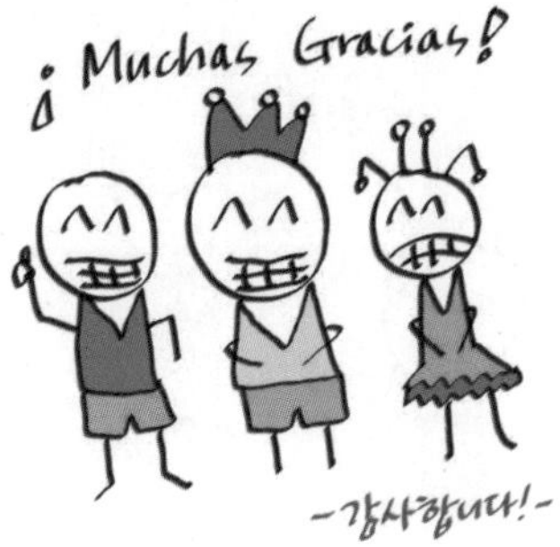
¡Muchas Gracias!
-감사합니다!-

¡Muchas gracias!

대단히 감사합니다!

부록회화 12

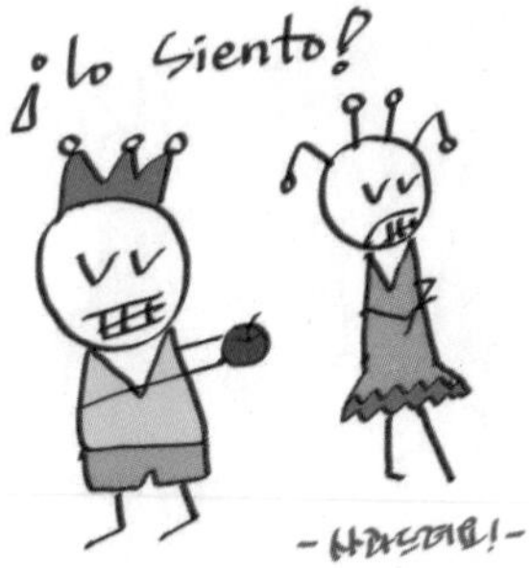
¡lo Siento!
-사과드려요!-

¡Lo siento!

죄송합니다(사과드려요)!

부록회화 13

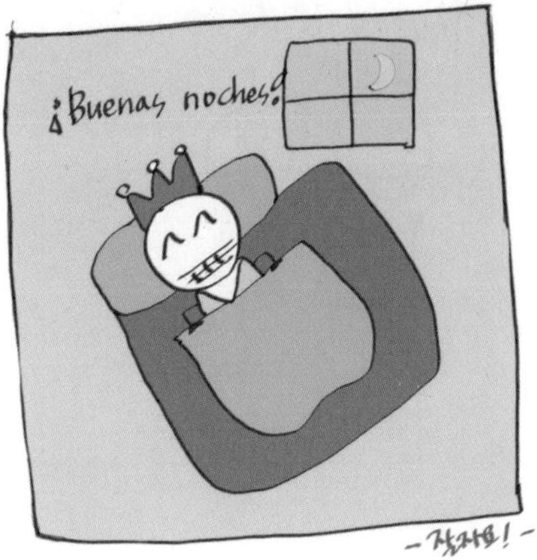
¡Buenas noches!
-잘자요!-

¡Buenas noches!

좋은 밤 돼요(잘자요)!

부록회화 14

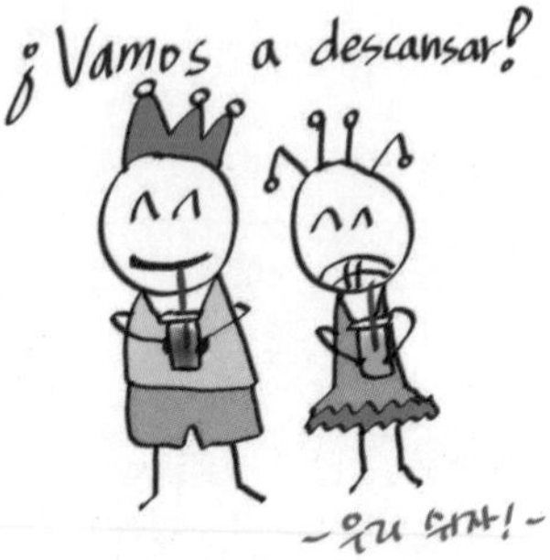
¡Vamos a descansar!
~우리 쉬자!~

¡Vamos a descansar!

(우리) 쉬어요!

부록회화 15

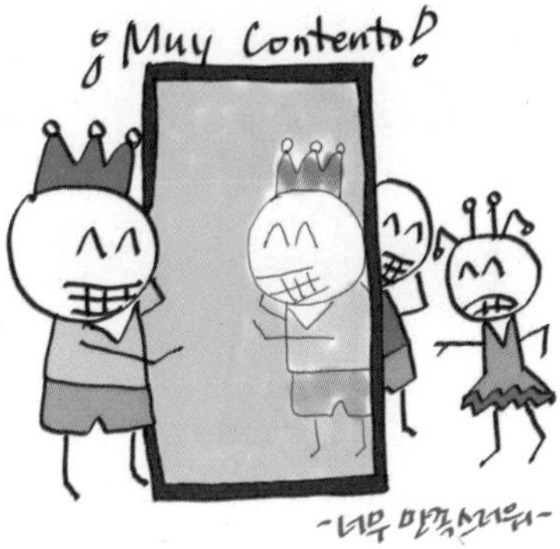
¡Muy Contento!
-너무 만족스러워-

¡Muy contento!

너무 좋아(만족스러워)!

부록회화 16

¡Aviso!

공지!

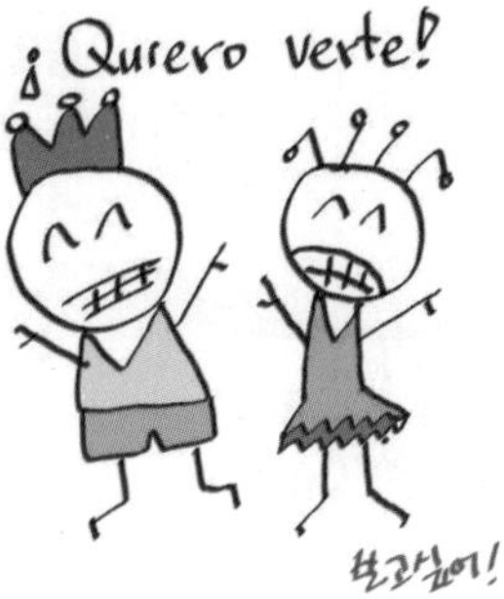
¡Quiero verte!
보고싶어!

¡Quiero verte!

네가 보고 싶어!

¡Hasta la próxima vez!
¡Adiós!
¡El fin! San Cho...

¡Hasta la próxima vez!
¡Adiós! ¡El fin!

다음번에 봐요!
안녕! 끝!

el Mundo Básico de español

스페인어 기초 세계!

Verdaderamente,
¡Al fin!
¡Adiós!
-San Cho-
Orbita

Una orbita del lenguaje para muchas lenguas

많은 언어를 위한 하나의 언어 궤적

¡Explicaciones!
SAMSUNG
-San Cho-